SV

Band 1550 der Bibliothek Suhrkamp

# Ludwig Hohl
# Die seltsame Wendung
Novelle

Mit einem Nachwort
von Anna Stüssi

Herausgegeben im Auftrag der
Ludwig Hohl Stiftung von
Magnus Wieland

Suhrkamp Verlag

Klimaneutral
Druckprodukt
ClimatePartner.com/14438-2110-1001

Erste Auflage 2023
Originalausgabe

Umschlaggestaltung nach einem Konzept von Willy Fleckhaus
Satz: Satz-Offizin Hümmer GmbH, Waldbüttelbrunn
Druck: Pustet, Regensburg
Printed in Germany
ISBN 978-3-518-22550-9

www.suhrkamp.de

# Die seltsame Wendung

# DIE SELTSAME WENDUNG

Es lebte im Montparnasse unter vielen sonderbaren Malern

...en. Er war ein ungeheurer Säu-
fer, aber das war nicht immer so gewesen.

In einer ersten Zeit seines Lebens war die Anstrengung grund-
sätzliche Melodie, dunkle Anstrengung, helle Anstrengung, oben, unten,
überall bis zu jener vor allem bewussten und sichtbaren Form im
künstlerischen Arbeiten. Dieses hatte entschieden begonnen, als er
zwanzigjährig nach Paris kam und ...
lustig sind.

Es lebte im Montparnasse unter vielen sonderbaren Malern einer der war sonderbarer als die andern und eine ungestüme Kraft zersplitterte die Linien seines Gesichtes. Er war ein ungeheurer Säufer und wurde da und dort von der Polizei angesprochen, hie und da auf den Posten geschleppt, oft aus den Kaffeehäusern geworfen und dann doch wieder geduldet, von den Leuten verlacht und dann wieder angenommen als komische Figur, von deren Elend die andern lebten. Er war ein ungeheurer Säufer, aber das war nicht immer so gewesen.

In einer ersten Zeit seines Lebens war die Anstrengung grundsätzliche Melodie, dunkle Anstrengung, helle Anstrengung, oben, unten, überall bis zu jener vor allem bewussten und sichtbaren Form im künstlerischen Arbeiten. Dieses hatte entschieden begonnen, als er zwanzigjährig nach Paris kam und [...] er monatlich einen Betrag zugeschickt bekam, der die Gesamtsumme eben zehn Jahre reichen ließ. Daraus redete wieder seine Anstrengung, denn was er so erhielt, wäre von den meisten unter dem in Paris erforderlichen Lebensminimum gehalten worden. Er aber dachte an keinerlei Vergnügungen, Ablenkung, fernere Bedürfnisse als ein schlechtes Zimmer, trockenes Brot, er meinte seine ganze seelische Existenz aus der Anstrengung um seine eigene und die allgemeine, die einzige, die wahre, hohe Kunst bestreiten zu können. Er malte schlecht, es war auch nicht ein Anfang in seinen Malereien. Er malte so schlecht, dass es weder ihn noch andere im mindesten befriedigen konnte, höchstens einen alten Professor, der durch ein Bild hindurch die Handhaltung beim Pinselführen und die Reinheit der Farbtöpfe erblickt, oder Bauern und Apotheker, die fragen, was es darstelle, und zufriedener sind, je rascher sie erkennen, ob es ein Baum oder ein Ochse oder ein Kalb sei. Er wusste, dass er schlecht malte, aber er hatte die Überzeugung, dass es nicht anders als unermesslich weit sein könne zur ewigen Stadt, ihn erfüllte die Gewissheit oder die vage Berechnung, dass dieser Weg der kleinen, täglichen, einzelnen Opfer ihn unaufhaltsam näher dem Ersehnten führe, dass hier der Ort sei, an dem er nur beharren müsse, um das Etwas, das er dringend spürte, den Menschen sagen zu müssen, mit voller Stimme herausreden zu können, dass auf diese Art alles zu ihm komme, wahre Kunst, Ruhm, Geld, alles durch Anstrengung.

Dann kam die Zeit, da durch heimliche, unverstandene Dinge, die nächtlicherweile aus verborgenen Brunnen heraufstiegen, diese Anstrengungen matter wurden. Erst änderte sich noch nichts in seiner Lebensführung, als dass er etwas mehr Bedürfnisse spürte und mit seinem Verwalter ein Abkommen traf, wonach ihm dieser eine größere monatliche Summe schicken sollte, sodass sein Vermögen, da inzwischen schon drei Jahre verstrichen waren, nur noch für fünf, statt für sieben Jahre reichen würde. Allmählich aber brach sich etwas anderes Bahn, das lange Zeit in der Tiefe seines Wesens schlummerte, bis es ans Licht drang, ein Unbefriedigtsein, ein dumpfes Ergrimmen wider seine ganze Malerei. [...]

da inzwischen schon drei Jahre verstrichen waren,nur noch für fünf,statt für sieben Jahre reichen würde.Allmählich aber brach sich etwas anderes Bahn,das lange Zeit in der Tiefe seines Wesens schlummerte,bis es ans Licht drang,ein Unbefriedigtsein,ein dumpfes Er[illegible] seine ganze Malerei.Er gab es noch nicht off[illegible] alten Theorien von der Einheit [illegible] alte weniger,suchte [illegible] am wieder hie [illegible] als

Und wenn er auch äußerlich die Linie nicht brach, den Bekannten nichts Neues sagte, so entsetzte er sie doch durch sein finsteres und mürrisches Wesen. Er lernte allerlei Dinge kennen, eine schreckliche Unruhe hatte ihn ergriffen. Die monatliche Summe, die er vom Verwalter bekam, hatte er wieder erhöht für das Zusammenleben mit dem Mädchen. Äußerlich hielt er fest am alten Geleise, aber innerlich erfüllte ihn Unglaube an seine ganze Malerei. Er ging bisweilen für einige Monate weg von Paris, aber wenn er wiederkam, hatte sich nichts geändert. Ein Spannungsverhältnis mit seiner Freundin, das seiner finstern Laune wegen entstanden war, wurde allmählich deutlicher. So vergingen zwei Jahre. Er hatte nicht sehr viele Bekannte, aber verlassen war er noch weniger; jedoch zogen sich diese Freunde immer mehr zurück seines unheiteren und gereizten Wesens wegen. Er sagte zu allem nein. Die Freunde fragten: Was fehlt ihm denn? Einige unter ihnen hungerten. Er aber hatte Geld zum Leben, er hatte eine Frau, er arbeitete, war gesund, hatte Hoffnung. Er wollte von alledem nichts verstehen. Im Äußern repetierte er noch Altes, aber im Dunkel fehlte der Glaube, mechanisch vertrat er noch Stellungen, aber wo das Leben aufblitzte sagte er nur dies: nein und nein und nein.

Er begann äußerlich vieles zu verlieren. Der Bruch mit dem Mädchen nahm deutlichere Formen an und ganz vollzog er sich im dritten Jahr des Zusammenlebens. [...] Zugleich fand er kaum jemand, ihm das Leid zu klagen, da inzwischen immer ausgesprochener alle Freunde von ihm weggegangen waren. Und das Geld, das noch beim Verwalter wartete, reichte kaum mehr für das ganze Jahr. Was sollte dann geschehen? Seine frühern Vorstellungen von inzwischen erreichter künstlerischer Höhe hatten sich nicht erfüllt. In dem Maße, wie er sich der Zeit der Mittellosigkeit genähert hatte, waren seine Vorstellungen weniger dringend geworden. [...]

sein.Zugleich fand er kaum jemand,ihm das Leid zu klagen,da inzwischen immer ausgesprochener alle Freunde von ihm weggegangen waren.Und das Geld,das noch beim Verwalter wartete,reichte kaum mehr für ein ganzes Jahr.Was sollte dann geschehen?Seine frühern Vorstellungen von inzwischen erreichter künstlerischer Höhe hatten sich nicht erfüllt.In dem Masse,wie er sich der Zeit der Mittellosigkeit genähert hatte,waren seine Vorstellungen weniger dringend geworden.Im Dunkel hatte sich auch eine andere Überlegung hinzuge[illegible] Leichtsinn spendete:mochte auch materieller [illegible]reten sein,so war doch das ganz[illegible]t,dass auch eine Ze[illegible]
weitern
der in
seltsa
zeiten
Hoffn
Mädch
jetz
lebt
ver
wer
de
sc
be
s
d
w
t

Wenn er einige Gläser Weißwein zu sich genommen hatte, wurde er bedeutend erleichtert und belebter, sodass er wieder den Menschen vor die Augen zu treten wagte, ohne plötzliches Weinen befürchten zu müssen, wenn er zu sprechen suchte. Und nocheinmal wuchs die Hoffnung auf jenes Mädchen, er schrieb ihm aus allen Nöten heraus mit größter Offenheit. Es antwortete, dass es wohl ihm gehöre im Geist, aber es könne nicht kommen, es sei besser für beide und er würde es zerbrechen. Und wem wäre dann geholfen? Es kam nicht. Einmal, nachdem er lange geheult hatte im Bett und sich nicht zu erheben vermochte, malte er doch wieder ein Bild. Er strich es hin im Bett, mit Pastellkreiden, und legte es weg. Es stellte eine Landschaft dar, verblichen und öde, mit einer zerfallenden Hütte, die man kaum sah und einer Ruine, grau und zerbröckelt und gering. Das Land aber war farblos und glich eher einer Wüste. Mitten durch zog ein Strom von fürchterlichem Blau in einer Grellheit ohne gleichen gegenüber diesem Land, das sich endlos dehnte in farbloser Gestorbenheit. Dieses Bild war in Rohheit hingestrichen, aus einer ganz andern innern Region her beginnend, als er sonst je gemalt hatte, es sprach Hohn allem akademischen Arbeiten, wie er es bisher als einzigen richtigen Weg betrachtet hatte, und somit musste er es auch als völlig in malerischer Hinsicht außer Frage ansehn. Er behielt es nur als persönliche Mitteilung, als Tagebuchblatt, er betitelte es »mein Land« und beschrieb es mit dem Namen jenes Mädchens, das nicht gekommen war. Er vergaß es nach einer halben Stunde vollständig, es konnte seine Not nicht von ihm nehmen, nichts nahte ihm, seine Not von ihm zu nehmen. Nichts nahte, zu hindern, dass er alles verlor.

Es lebte in Montparnasse unter vielen sonderbaren Existenzen eine, die war sonderbarer als die andern, und niemand konnte mit Sicherheit angeben, welchen Standes der Mann war, womit er sich beschäftigte und wovon er sich ernährte. Er war gefällig, beinahe elegant angezogen, sah munter und flott aus, trug einen Zwicker und nannte sich Bilderhändler. Er war schlank und nicht groß von Körper, aber von äußerst aufrechter und eleganter Haltung, hatte einen süßlichen, geschmeidigen und klaren Ausdruck des Gesichts. Das Gesicht war mager und scharfgeschnitten [...]. Die Augen blickten klug, trocken und beweglich. Der einfach, beinahe edel geformte Mund war leicht bereit zu lächeln, aber ohne dass das Lachen von verletzendem Spott oder fett oder einfältig war. Er trug einen eleganten Stab, seine Schultern waren allzu gerade, sie gingen beinahe nach hinten, er schritt durchs Café und grüßte von ferne mit einer solchen Korrektheit der Bewegungen, dass niemand ihm darin zuvorkam, selten einer ihn erreichen konnte. Er hatte ein sehr kluges Schulmeistergesicht. Es war vielleicht allzu klug, man hatte ein merkwürdiges Gefühl im Verkehr mit ihm, konnte er denn alles tun, da er so widerstandslos und ohne Zähigkeit auf alles einging, oder war er ein Zifferblatt ohne Uhr, dass die Zeiger sich so leicht bewegten? Der Mann nannte sich Bilderhändler, aber es wusste vielleicht niemand, wo er seine Galerie hatte, wo er seine Bilder hernahm und wem er welche verkaufte. Wohl aber wussten einige, dass er sich mit dem Plan getragen hatte, ein Bordell einzurichten, wozu er ganz besondere neue Ideen hatte, die ein besonders rentables Geschäft ermöglichen sollten. Auch wusste er es einzurichten, dass er von einem der weltbekannten Modemaler, die im Montparnasse herumlaufen, öffentlich gegrüßt wurde, Gott weiß, wie, der Modemaler selber, der oftmals Eile hatte, allen Pflichten nachzukommen, wusste es wahrscheinlich auch nicht. Auch wusste er überraschende Details über das Vorleben dieser sowie anderer jetziger Größen zu erzählen. Er saß oft in Nachtlokalen des Montparnasse, hatte immer Leute um sich und gab ziemlich viel Geld aus, wo er es her hatte, Gott weiß es. Er trank selber ziemlich viel, ohne je im mindesten angeheitert zu werden. Wenn ein Fremder zugegen war, zeigte er sich ausgesucht höflich, was er in intimerem Kreise redete, waren spöttische Bemerkungen oder übermäßig kluge Betrachtungen, die alle Welt als übermäßig stupide hinstellten, würdig des an der Nase Herumführens. So erklärte er einmal, dass es keine seelischen Emotionen gebe, jeder Mensch wische sich den Hintern mit einer sogenannten seelischen Emotion, wenn es Ernst gelte. Er habe einmal einen Säufer gekannt, einen wirklichen Säufer, der einige Tage keinen Alkohol bekommen habe, da sei eine wirkliche Emotion gewesen. Gefühle bei Todesfällen und so weiter, darüber solle man sich nichts einbilden, das seien alles Redereien. Aber der Säufer, dem er am dritten Tag gesagt habe, komm herunter, ich bezahle dir ein Gläschen, dessen Gesicht hätten sie sehen sollen, der hätte eine Emotion gespürt! Er sei nicht für Romantik, wer daran hänge, solle dabei bleiben, er störe niemanden. Schwänzel nannte sich Bilderhändler und keiner wusste über seinen Beruf Näheres zu sagen. [...]

ten nachzukommen,wusste es wahrscheinlich auch nicht.Auch wusste er überraschende Détails über das Vorleben dieser sowie anderer jetziger Grössen zu erzählen.Er sass oft in Nachtlokalen des Montparnasse,hatte immer ~~[illegible]~~ Leute um sich und gab ziemlich viel Geld aus,wo er es her hatte,Gott weiss es.Er trank selber ziemlich viel,ohne je im mindesten angeheitert zu werden.Wenn ein Fremder zugegen war,zeigte er sich ausgesucht höflich,was er in intimerem Kreise redete,waren spöttische Bemerkungen oder übermässig kluge Betrachtungen,die alle Welt als übermässig stupide hinstellten,würdig des an der Nase Herumführens.So erklärte er einmal,dass es keine seelischen Emotionen gebe,jeder Mensch wische sich den Hintern mit einer sogenannten seelischen Emotion,wenn es ~~[illegible]~~ Ernst gelte. Er habe einmal einen Säufer gekannt,einen wirklichen Säufer,der einige Tage keinen Alkohol bekommen habe,da sei eine wirkliche Emotion gewesen. Gefühle bei Todesfällen und so weiter,darüber solle man sich nichts einbilden,das seien alles Redersian.Aber der Säufer,dem er am dritten Tag gesagt habe,komm herunter,ich bezahle dir ein Gläschen,dessen Gesicht hätten sie sehen sollen,der hätte eine Emotion gespürt!Er sei nicht für Romantik,wer daran hänge,solle dabei bleiben,er störe niemanden.Schwänzel nannte sich Bilderhändler und keiner wusste über seinen Beruf Näheres zu sagen.

a
Z
un
ei
Beg
loren
Freun
für
der
schw
Er
Lee
in
we
r
a
Z

Wie öd war die Epoche, aus der späteren Steigerung betrachtet! Denn auf einmal war der, den er suchte, sein Freund wieder da, mit einem Begleiter, stark betrunken. (Aber dieser Freund, es war ein Junge, ertrug nicht viel.) Das Café D, neue Gläser Wein, die irgendeiner, der Begleiter des Freundes, bezahlte. Jetzt, hier, in der Bar, war viel Belebung, ein Teil der Welt war besoffen, viele Bekannte darunter: Balboff, Säufer und Maler, ein russischer Riese und großer Exhibitionist, verrichtete, mitten in der Bar, die allerdings dicht von Menschen bevölkert war, so dass man nicht in die Tiefe sah, ein Bedürfnis in eine Blechschachtel, umgeben von vielen Freunden, die lachten und sorgten – kein Skandal geschah. Nach Schließen des Cafés D ging der Freund wieder verloren, überall suchte er ihn, zu Fuß ging er bis rue du Culdesac, wo dieser wohnte, kam nach Montparnasse zurück, es war etwa sechs Uhr geworden: war doch die ganze Welt belebt! Stand doch da immer noch der kleine Russe im braunen Anzug, ein Bekannter seit langem, ein tonloses Stück, heute zu riesiger Aktualität erwacht, stark besoffen, »Immer-Mehr« nannte man ihn, weil er nie sprach, immer Bier trank, und nur nach Stunden, wenn kein Geld mehr da war, ausstieß, auf viele Fragen hin, wie viel er denn trinke (denn er machte immer Zeichen, dass man ihm etwas bezahlen solle), ausstieß, zu wiederholten Malen: »immer mehr«. Der stand da und schaute und war auf einmal wie ein Freund seit tausend Jahren. Aber dann geschah eine größere Freude: unerwartet, nachdem er schon nur noch schwach an ihn gedacht, erkannte er seinen Freund, den gesuchten, wieder, er saß lachend, erheitert, ätherisch im Café S auf einem hohen Stuhl und soff, sachte und gering, letzte Tropfen (beinahe gar nichts, er schaute vielmehr auf ein Weib, das sein Begleiter, dreimal besoffen, aber ein reicher Mensch, eingeladen und vielleicht mitzunehmen beschlossen hatte.) War das Seligkeit? den Freund, den Gesuchten wieder gefunden zu haben, nach so vielen Nöten und unerhörten Bewegungen? Der Freund bemühte sich um die Frau, die ihre Schuhe auszog, zu beweisen, dass sie gewaschene Füße habe. Dann verschwand die Frau, die Gebliebenen gingen gegen den Bahnhof Montparnasse, wo ein anderes Café sie aufnahm, dann war auch der Reiche nicht mehr da und die zwei wandten sich ihrem Heimweg zu, das ist dem Weg zur rue Culdesac, es war neun Uhr vormittags. Tomaten lagen geschichtet vor einem Restaurant, er nahm eine Tomate, bezahlte sie dann teuer, als ein keifender Mann erschien. Und dann predigte er einer Kinderschar, die in der Gasse spielte, von der wahren Erlösung des Menschengeschlechts, mit vielen Ausfällen gegen ihre Lehrer, die sämtlich Idioten seien und von nichts was wüssten. Er wurde sich nicht bewusst, in welche Gefahr er sich begab, oder der Rausch verschloss rasch die Türchen der kurzen Angstahnungen. Noch ein Café: Vermouth. Total besoffen definitiv allein an einer Avenue, schon in wachsender Wärme des Tages. Etwas Schlaf auf einer Bank, ein Hochhorchen, ein Mühen, ein Aufschwanken. In der Straßenbahn eingeschlafen und auf einmal gerufen: »Ein Glas Wein, bitte!« aus jener Angsthypnose heraus, die den Besoffenen immer zum Bestellen treibt, der verdächtigt wird, kein Geld mehr zu haben und der sich sehr schlecht benimmt. Die Schaffnerin sagte etwas. Er fragte: »Wieviel bis Malakoff?« Sie: »Ich sage: Endstation!« – »Aber die Fahrkarte?« – »Sie haben doch schon bezahlt, fünfundachtzig Centimes!« Er erinnerte sich schwach an diese ferne Vergangenheit. Nach endlosem Weg zu Fuß bis zu seinem Hôtel, in Hose ohne Hemd – wo war das Hemd geblieben? zerrissen, weggeworfen in irgendeinem Closet? Er schloss den Rock dicht und die Sache wurde gering – nach Weg von unerhörten innern Kämpfen und Nöten, die aber alle ins ewige Nichts sanken, als er ankam: schlief er ein in seinem Hôtelzimmer in Montrouge, auf dem Bett in Rock und Hose aber ohne Hemd, und so erwachte er fünf Uhr abends. Keine Gewissensbisse. Kein Finsteres nach diesem Rausch, aber ein Gefühl, dass einfach ein Ring sich schließt, ein deutliches Erinnern an den Ort und an die Zeit, da er seine Frau fand, aber die Analogie ist doch nur zerfasernd und wirkt sehr dünn, wir sind ganz woanders, das Gefühl ist nur da, dass ein Neues beginnt, dem man sich einfach ergibt. Schmeckt Weißwein in Paris dem Mann, der ihn einfach trinken muss, weil er sonst nicht mehr reden kann?

Abend. Körperlich elend, er kann nicht essen, aber seelisch fühlt er sich unerhört stark und reich. Die Sonne, mit ihrem ungeheuren Strahlenheer, zehnmal gewaltiger als zuckende Blitze, die er in den Händen zu halten meint, fulgurierend, der dickste und größte Stern, die

Sonne selbst, ja, die hat er ganz für sich, und er hält sich nur an sie, an sie, er lässt den Mond. Reich an unermesslichen Kräften fühlt er sich. – Dominierend gewaltige Augen im gebrechlichen Körper, die mächtiger sind, als alle Kräfte der Welt. Ein Bild: »Nicht wie ihr!« wird deutlicher, liebender gesehn, jenes Bild vom vermoderten Grunde und dem Mann, der das alleinige, allumfassende Ja redet. So wandelt er wieder umher im Montparnasse mit lebendem Körper und noch allerlei Zeichen des Rausches, aber sich ohne gleichen mächtig und sicher fühlend, mit positivem Glauben. Wie ein schweres Tier, ein Elefant, ungeheuer! Wie jene Demonstrationsriesen, Balboff und Strozzi, aber auf anderem Niveau. Aber in diesen beiden, Schweinen, Riesen, Säufern, die sich der Welt imponieren, die wegdrängen, betrügen, sich durch nichts einschüchtern lassen und dick werden, erkennt er denselben Glauben. Nur französisch kann er es sagen: puissamment riche! Er hat nichts gegessen, aber er meint, dass er dicker werde.

Er hat einmal, als er noch malte, sich selber noch anstrengte, etwas ganz Anderes gehört, selber ihm zugestimmt, diesem: Nur das Leben, das Erleben, ist der Weg zur Kunst. Hineingehn in alles, nichts fürchten, von unten, von außen her muss man kommen, kein Gutes entsteht je aus Akademien. Das Wissen, dass der Weg zum Gipfel oft vom Gipfel entfernen muss, dass man ihn aus den Augen verliert manchmal, man kann ihn nur so erreichen. Wir werden wiederkehren, weiß er, und doch ist Gefahr manchmal, dass wir uns dort unten verlieren.

Aber die Gefahr ist nicht sehr ernst. Im Grunde hofft er, weiß er, dass er den geliebten Gipfel doch nie vergessen kann, dass er immer wiederkehren wird. Aber das sagt er nicht. Aber er hat vielmehr Furcht, dass es ihm nicht gelinge, sich in Wirklichkeit und weit genug zu entfernen vom Wege des sinnlos Trockenen, dass das Bewusstsein ihn hindere und dass er im Akademischen bleibe. – So dachte er einmal. Es ist von früher her. Jetzt würde er nicht mehr genau so denken.

Jetzt hatte er, als eine Sehnsucht in ihm erwachte, als er wieder für eine ganz kurze Zeit zu malen begann, diesen Traum: Man geht in ein Konzert, ein Orchester spielt, vom berühmten Beethoven, welcher noch lebt, selber dirigiert. Jetzt erst, im Saal, wird er sich ganz bewusst über die ungeheure Bedeutung: Beethoven selbst, den wirklichen, seit einem Jahrhundert entschwundenen, sonst doch von keinem Lebenden erblickten, soll man als fast alltägliche, jedenfalls ganz als ordnungsgemäße Figur sehn, und sogar dirigieren sehn. Die Symphonie begann. Ohne Umstände, eher trockener prompter als in einem beliebigen Konzert. Rasch, leicht, überall spielten alle Instrumente, nicht getragen, nicht gewaltig, nicht mit besonderen Finessen, sozusagen überhaupt nicht künstlerisch, sondern rasch, leicht, schneller, schneller, kleinen Teilen gleichend, ungezählten, die das Eisenwerk einer Brücke oder ein großes, leichtes unüberbrückbares Holzwerk zusammensetzten. Jeder hatte nichts zu tun als das Seine. Und Beethoven selbst verwunderte noch mehr: Einen impulsiven Klotz von Körper hatte er sich doch vorgestellt, nun war er ganz intellektuell, leicht, durchsichtig! Ein Gesicht von Helle, ganz ohne Konzentration oder Gewaltausdruck. Mobil, eifrig, aber durchaus nüchtern bei der Sache: zu dirigieren, dass alles zusammengehe. Das einzige hervortretende Bestreben war die Schnelligkeit; dass überall genau, rasch jeder seine Sache tue. Aber in dem intellektuellen Gesicht waren noch zwei Dinge, groß, grauenhaft und unsagbar: zwei Augen, dunkel und ungeheuer, eine ganz andere Welt. In diesen wartete etwas, das keine Verwandtschaft mit allem Gegenwärtigen besaß. Aber er wusste, dessen Stunde würde kommen. Jetzt war es nur das Bauen, das Bauen, wie er dirigierte, leicht, rasch, rasch, leicht. Aber auf einmal würde dann alles versunken sein, sich als Mittel enthüllen, und jene gewaltigen Augen würden zu wirken beginnen. Die würden dann allein und ungeheuer dominieren. Das Orchester, erzitternd und verschwindend als eigenes Ding, würde brüllen, brüllen: Das war es dann. – Ganz von selber, nur die Augen, sie, die wartenden. Und er hatte nichts zu tun noch, als zu bauen, leicht, intelligent, viele, viele Stäbchen zusammensetzend zu großem, überall proportionalen Bau, leicht, rasch, leicht, es tun – – – Aber die Augen waren ungeheuer wie zwei entsetzliche Sonnen, wie tausend Löwen. Und diesen diente zuletzt alles. Und sie sprachen selber zu ihrer Zeit. *Er* hatte nur das andere zu tun.

Er meint, dass er dicker werde, aber er isst nur selten mehr. Geld hat er noch, noch reicht es für eine kurze Zeit. Aber dann, was soll dann weiter geschehen? Früher hat er dringend daran gedacht, jetzt spürt er nur Schrecken darüber, die Gedanken eilen blitzschnell über jene Stelle hinweg. Der Schreck mischt sich mit allen andern Schrecken; so geschieht es dem Mann, der alles verlor. Aber er sagt weniger nein. Noch ist er sprachunfähig, wenn der Alkohol seine Kräfte nicht hebt, noch liegt er heulend, machtlos im Bett, wenn er über einen Tag nicht trinkt, nichts kommt an, seinen Freund sieht er hie und da, sucht ihn häufig, aber findet ihn selten, denn dieser andere hat nicht immer Interessen, mit ihm zusammen zu sein; aber er entschuldigt immer wieder dieses Fehlen, er erhitzt sich, aber entschuldigt, er verklärte diesen Freund, der sein Einziges ist. Das Trinken begann sich aber zu verändern seit jener bedeutungsvollen Nacht. Die Zustände der Ekstase haben sich verbunden, es ist eine Gewöhnung, ein festes Wohnen eingetreten da oben in einem andern Niveau der Welt, in dem der Nacht und einsamen Ekstase, ein zusammenhängendes Reich, in das er immer wieder einkehrt. Es ist Sommer in Paris, große Sommernächte kommen. Und doch entstehen Bilder hie und da. Es sind kurze Bilder, große Traurigkeit diktiert sie, aber immer wieder brennt auch über ihnen die Sonne von unbesieglicher Kraft. Doch ist diese Zone von Kraft kein Bezirk mehr des irdischen Lebens, es ist eine Urzone, eher der Himmel als der Alltag und als das Gebiet eines Einzelnen, eher ein Ewiges, dahin die Geschöpfe zurückkehren und wo sie hergekommen sind. Die meisten Bilder sind nicht fertiggestellt. Er hat rücksichtslos zu malen begonnen. Kein Akademieprofessor würde mehr Gefallen daran finden, die ganzen Vorsichtsmaßregeln zerstoben, die gelernten Rahmen zersplitterten. Es würde kaum mehr einer erkennen, dass diese Bilder vom selben Mann gemalt sind, wie die früheren aus der Zeit der Anstrengung. Ein stetiger Übergang vom streng Realistischen ins Phantastische – wodurch das Realistische Grellheit, das Phantastische Gewalt gewinnt – charakterisiert sie jetzt. Er durchbricht jede frühere Technik, spricht jedem Realismus der Farben Hohn. Er malt die Sonne in starkem ungetöntem Blau, die Erde mit Orange übergossen darunter, im Himmel aber steigt es in pflanzlichem Grün zu beiden Seiten der Sonne in ungeheure Höhe an, wie zwei Rauchsäulen. In ihnen wimmelt es von Mondsicheln, die sich überstürzen und fallen; aber das meiste steigt an in mächtiger Vegetativität wie ein aufgetürmter Urwald; das sind die Wolken. Die Erde aber darunter ist fein gezeichnet, scharf und klar die Täler, nahe und ferne Berge. – Oder er malt einen Mann in äußerst realistischer Art, nur die Farben sind ganz ungewöhnlich. Und die Linien, die den Mann bilden, sind so unerhört einfach – er staunt, dass er das früher nie gekonnt hat; was liegt daran? Gar nichts, er hat nur hingeschaut, er brauchte keine Ekstase, keine Eingebung, er malt, wie er reden würde, aber er malt nur ganz kurze Zeit, vollendet nichts, achtet das Entstandene nicht mehr als Blätter eines Tagebuchs.

Aber diese Bilder können ihm nicht Erlösung bringen. Immer wieder nahen die Nächte mit ihrer Einsamkeit, die Stunden, von denen jede eine Ewigkeit ist, und die sich ewig wiederholen werden und von denen jede nichts ist als Qual. Er steht da und hat nichts mehr zu verlieren, kein Mensch fragt nach ihm: er flieht – – aber er flieht nicht ins Nichts, sonst könnte er sich erschießen; er will es nicht. Er flieht in ein reicheres Leben. Ja, er verlangt, er will ungeheuer viel! Kurz sind die Momente, da der Gedanke an Selbstmord dringender wird. Wie viel er will, warten spürt, hält ihn zurück. Und dann kommen große, ungeheuer große Nächte. Das ist gewaltig, das tröstet, das ist wirklich das Leben. Vielleicht sieht es nur er allein. Und doch weiß er: er ist nicht allein. Großes Leben ist nie allein. Sein Blick reicht über den Montparnasse und über ein paar Länder oder Erdteile hinaus, es kommt ihm gar nicht darauf an, wie weit sein Blick reichen muss. Da weiß man nicht mehr, ob das Leben oder Geist sei; die Begriffe verschwimmen; die Zusammenhänge, die großen, sind wie Bilder. Diese höchsten Ekstasen in den Nächten sind Bilder und große.

Aber von außen gesehen ist er nur der verdorbene Maler, der immer mehr herunterkommt, eine der vielen verlorenen Existenzen des Montparnasse. Schon sieht er körperlich sehr schlecht aus. Wird er nicht bald verhungern? Wer wird ihn retten? Geld hat er noch eine kürzeste Zeit, übrigens versauft er alles. Arbeit will er nicht tun, sagt die Welt. Vielleicht kann er keine finden. Dieses ist wirklich oft schwer in Paris für einen, der keinen praktischen Beruf kennt. Es ist möglich für einen, der hartnäckig will: nach einiger Zeit kommt das Gelingen und der Aufstieg. Es gibt dann keine objektiven Hindernisse mehr. Aber dass einer nicht hartnäckig wollen kann, das ist vielleicht auch ein objektives Hindernis. Oder worin sollte es geringer sein als irgend ein objektives, wenn es unübersteiglich ist? Früher lebte der Maler in der Zeit der Anstrengung, da hätte er's vielleicht noch gekonnt. Jetzt war nicht nur einiges, war sehr vieles mit zerbrochen. Man kann nicht an einem in Scherben liegenden Gefäß eine Scherbe flicken und doch einen Teil Wasser hineingießen wollen. Es sind viele Scherben da von *einem* Topf, alle müssen zusammengeheftet werden, damit der Topf auch nur ein wenig dienen kann. Vielleicht, dass ein Meister lebt, der ein magisches Wort kennt, auf dass alle Scherben wieder zusammen sind. Oder ein anderer Meister, der einen neuen Topf bringt und neben die Scherben stellt. – Wer jetzt jenes Mädchen hätte günstig stimmen und herführen, zugleich eine neue materielle Möglichkeit schaffen und aus dem Montparnasse in eine ganz andere Umgebung hätte versetzen können, der wäre ein solcher Meister gewesen. Dieser Meister wurde ersehnt in den unheimlichen Nächten, schwebte am fernsten Rande der Dinge in ätherischem Gewande vor. Er kam nicht, es blieb alles beim alten. Er ließ sich nicht in der Nähe sehn, er kam nicht aus seiner ätherischen Ferne, der Meister. Und hier schlug das Materielle jedes Tages ein größeres Loch in den helfenden geistigen Bestand. Alles erlosch; nur in den Ekstasen, in den Nächten, flackerte und flammte es hoch. – Was soll Neues beginnen auf dem alten Grund? Sind etwa die Dinge zusammenhangslos, fast zufällig, ohne Ursache entstanden? Es gibt so schlechte Ärzte: sie heilen die einzelnen Ausschläge, die von einem zerrütteten Magen kommen, mit einzelnen Pflastern. Oder wenn ein Feld dürr wird: soll man den einzelnen Gräsern Vorwürfe machen? Oder die Erde peitschen? Ist vielleicht eine glühende Ansprache gut? – Die Erde ist voller Krankheiten und Nöten, was gibt es nötiger als Helfer, als gute Ärzte! Aber wo der Wille ist, da ist der Irrsinn. Und wo der Sinn ist, da ist kein Wille. Einer hat Erfahrung in Zerstörung von Rebläusen; und wie nun ein Kranker mit einer Augenentzündung zu ihm kommt, ergreift er die Tabakspritze und bläst ihm damit in die Augen hinein. Und ein anderer Arzt, der aus dem vergangenen Jahrhundert herkommt, hat Erfahrung in der Heilung von Abszessen, weil im vorigen Jahrhundert viele Abszesse vorkamen: und den Kranken mit einer Blinddarmentzündung, der einen geschwollenen Bauch hat, heißt er sich auf den Rücken legen und macht Umschläge und wartet auf das Reifen und will den Bauch ausdrücken. – Ein alter Freund kam an, ihm gütig zuzusprechen: das viele Trinken schade ihm! Er solle es lassen! Er solle sich ein Exempel an Balboff nehmen, der hätte letzthin eine Grippe aufgelesen, als er auch betrunken gewesen sei, und wäre fast zu Grunde gegangen! – Was für eine Tat ist es, dem Ertrinkenden, der sich an ein Holz klammert, zu sagen: »Lass das Holz, es sind Nägel drin. Ich meine es gut mit dir, lass das Holz, du könntest dich stechen!« – Ein Mann fand einst einen andern in den Abgründen einer Gletscherspalte. Er entdeckte ihn von oben, er hörte ihn stöhnen in den Tiefen. Er hatte kein Seil mitgebracht und er blieb oben. Aber er schaut hinunter zu dem rettungslos Verlorenen, der Gänge zum Licht sucht und sucht im unterirdischen Reich. Und wie er einen weitern Gang gefunden hat, einen guten oder einen schlechten, an dessen Ende es glitzert, dem er folgt mit Bestreben, da beginnt er ihm von oben zu predigen: »Das ist das Höllentor!« – Oder einer singt im verzauberten Wald, den er nicht mehr verlassen kann, einen paradiesischen Gesang und ein Mann, der außen vorbeifährt, ruft ihm zu: »Der Gesang ist kein Auto! Drum schweige!« – So nahte ein Herr, der alte Freund, und gab den feinen Rat: »Lass das Trinken!« Ein Herr namens Bah. Er nannte Herrn Bah öffentlich einen Dummkopf und er hatte einen Freund weniger.

Die Angst vor der Geldlosigkeit macht mehr Schrecken, als er selber zugeben würde, sie vermischt sich mit den Gefühlen der allgemeinen Verlustlage, scheint zu verschwinden vor ihnen. Aber als dunkle Macht steigt sie wieder hoch im Eindruck des Unaufhaltsamen. Dieser Eindruck steigt unmerklich Tag für Tag, befestigt sich zu einer Grundstimmung. Fragen zischen machtlos wie Raketen hoch: anders leben? wie? wo? – Und in den Tagen der völligen Geldlosigkeit, die jetzt schon eintreten (er entlehnt viel, bestellt unregelmäßiger und rascher von seinem Verwandten Sendungen, das Übliche für zwei Monate gibt es schließlich noch, zwei Monate, er lässt es auf einmal kommen, sammelt sich zu einem Sturz ins Wasser, einem letzten, verzweifelten Sprung) lernt er eine Lähmung und eine sinnlose Wut kennen, die neu sind.

Wenn er sich mit höchster Überwindung zum Malen, dem Entschluss dazu, durchgerungen und dann Farben, alle Fränklein, sie zu kaufen, fehlen, dann fasst ihn abwechselnd Jähzorn und Entsetzen vor der Blockierung, in der er sich befindet. Ringt er sich einmal hoch und geht zu einem Bekannten, so erscheint er wie einer, der Recht hat, zu fordern und lernt dann, wenn der Mann sich kühl, ausweichend und ablehnend benimmt, noch einen ganz neuen Aspekt der Welt, einer ungeheuren, gigantischen und kalten Welt kennen. – Noch sind das einzelne Vorkommnisse; die letzte Summe kommt an und lässt sich, vielleicht, über eine längere Zeit dehnen; ein Brief geht ab an den Verwandten, diesem darlegend, dass es auf eine Hilfe, ein Anleihen ankäme; ein paar Pläne tauchen auf, etwas, das Geld brächte, zu realisieren; aber im allgemeinen werden die Zeiten gefressen in einem Feuer, das aus den Schrecken erwuchs und in jener Freundschaft gipfelt. Aber der Freund reist ab, lässt wohl Versprechungen zurück, die erst noch nähren, immer weniger und weniger, denn der Freund hält schon die ersten nicht: zu schreiben; und die weiteren, die seine baldige Rückkehr betreffen, werden größer und werden lichtvoller und werden fragwürdiger und werden schrecklicher, in den Oktobernächten und in den Novembernächten. Eisig wird es im November, der Frost von Gewissheiten sinkt. Die Verlassenheit ergreift das Überall. Die Besoffenheiten können in Springbrunnen bis zu den Sternen steigen. Aber auch überall steigert sich das Ahnen, das Zählen, dass hier, dort, im Irdischen und im Geistigen, ein Realisieren, ein glitzerndes Allgewaltiges eintreten könnte. Zum erstenmal in besoffenem Zustand gerät ihm jetzt eine Zeichnung, ein Einfall für ein Bild, und zwar ein Einfall, der glänzt. Im Café C geschah es zu früher Morgenstunde, nachdem er sich laut und maßlos gebärdet hatte und einem derart traurigen Ende entgegensah, wie je; er wurde still und wichtig, an einem kleinen Tischchen sitzend, allein; und dann fasst ihn Begeisterung in dieser frühen Morgenstunde, Höhengefühl über sich selbst.

In einer andern Nacht zeigt er Schwänzel jenes Tagebuchblatt, jenes gestorbene Land mit dem Strom von entsetzlichem Leben. Der sagt »das ist was«; im Munde Schwänzels, dieses spöttischen, kurzen Menschen, hat das besonderen Klang. Schwänzel interessiert sich nun überhaupt für vielerlei (er hat vorher über ihn weggesehen wie über einen von vielen, die man kennt, mit denen man aber keine Mühe mehr verlieren will), auch für den Geldzustand. Das Geld geht aber eben definitiv zu Ende. Schwänzel scheint seine Neugierde befriedigt zu haben, die beiden achten wieder nicht mehr auf einander. – Einmal geschieht es, dass sein letzter Besitz, seine letzten eigenen Fränklein ihm aus der Hand gehen; man könnte den Tag groß nennen, es geht fast unmerklich, an einem kühlen Nachmittag vor sich. Noch hat er sein Zimmer im Hôtel, ja. Er hat seit langem da gewohnt, immer bezahlt, er wird nicht gleich herausgeworfen werden. Und was das Essen betrifft, ob er vorerst für einmal nicht isst – – das ist nichts Neues; so kommt es, dass die Stunde des Überganges zur Besitzlosigkeit fast unmerklich auftritt. Es muss noch ein kleiner Moment verstreichen, bis der Mangel materielle Gewalt bekommt (und was den geistigen Eindruck, den Schreck betrifft, der kann ja nicht mehr neu sein.) Nun erscheinen die Nächte – – die Nächte des Irrens und Bettelns im Montparnasse, eines Irrens, das wohlbekannt ist, aber auf einmal Bodenlosigkeit erkennen lässt: kein Hintergrund für seine möglichen Anleihen steht mehr da. Und die Menschen merken das rasch. Sie merken es vor allem durch seinen Zustand, ihm fehlt jetzt alles, was irgendein Vertrauen, eine Zuversicht erregen könnte. Nun erscheinen sie, die Nächte des grandiosen Irrens und Bettelns, des Mangels, der das ganze Wesen, bis in die letzten Nerven der Fingerspitzen erfasst und erzittern lässt. Eine Absicht zu einer noch in Frage kommenden Arbeit zerschellt – – zerfährt vor den Wirklichkeiten, löst sich auf, vor einem wohl auf zu wenig Glauben gegründeten Versuch. Ihn stützt vielleicht in seiner Unfähigkeit auch ein irgendwo existierender Glaube von Menschen, dass er der und der sei – nicht nur einer, bei dem alles so ganz gewöhnlich sich abspielen könne. Und über die Tage hinaus greift die Auflösung, die immer grauenhafter wird, schon die Stille der Zersetzung enthält. Da kommt Schwänzel in sein Haus. Er macht ihm einen Vorschlag: Er will ihn engagieren. Monatlich wird er ihm tausend Fränklein geben, das ist eine Summe, mit der man knapp auskommt. – Wunderbar! Er kommt sich in den ersten Monaten vor wie ein Löwe, in einem derartigen Aufraffen, einer Arbeitswut! – Aber nach kurzem Taumel erkennt er, dass er zurückgekehrt ist in ein verödetes Land. Er hat sich reich und gerettet gefühlt, aber alles um ihn ist kahl. Er hat sich vorgestellt, dass er nun, ein Löwe, arbeiten würde, von allem zurückgezogen, in bescheidenstem Leben, wie es diese Geldquelle ihm gestattete – und er kann sich nicht zurechtfinden. Übrigens zahlt ihm Schwänzel das monatliche Pensum nicht auf einmal, sondern in kleinen Teilen. So ein Teil verflattert in einem Mal in irgend einer Unregelmäßigkeit wie Spreu; das ganze Leben ist gar nicht so sehr geändert. Im Mund, der sprechen soll, liegt Sand, die ganze Welt wird trübe, keine Arbeit gelingt. – Wie kommt es, dass er nun eines Abends so besoffen wie nur je in den Montparnasse zurückkehrt? Schon auf dem Weg hat er sich eine ganz kräftige Dosis Getränke auf die Seele gestürzt. Und hier, im Montparnasse, erscheint er fast wie einer, der eine hohe Stellung hat im Saufen, quasi ein Eigentumsrecht. Diese geänderte Art wird heute evident. Wo er ängstlich vorbeiging, brüstet er sich; er tritt anders auf. – Dieser Rausch schafft üble Körperfolgen; er will nicht wieder trinken. Nach zwei Tagen geschieht es schon wieder, diesmal mit herrlichen Strahlen, glänzend. Wie doch alles so nah aneinander liegt: man glaubt an das Entgegengesetzte und nach zwei Tagen ist alles Fernste wieder das Nächste. Schwänzel kommt in der Nacht und treibt ihn an, andern Tags ein Bild zu machen; nur das Beginnen – nach kurzem Schlaf, noch in angesoffenem Zustand – gelingt; aber der Gegenstand hat Bedeutung.

Schaut, wirkt, ist überall da, weiß anzuspornen, Gefühl zu beleben; Saufen, Kotzen und Rasen, alles zählt nicht, ist gut, nur Losschießen in den Bildern muss da sein. Schwänzel gibt eine Wegleitung zu anderem Leben, Schwänzel gibt Geld, ja, aber in kleinen Rationen, die auch bei bestem Willen keine Änderung des Zustands ermöglichen könnten; an Ort und Stell meist nachts in Montparnasse kommen die kleinen Gelder (nur für Farben sorgt er auch tags). Schwänzels Interesse ist sehr klar: die Produktion. Ja, aber soll nicht das Leben für später auch noch reifen? Ach – hier im Sturm! Er trinkt zwar; aber er loderte nie; er weiß ans Essen zu denken, er bleibt stets mit trockenen, gedanklichen Augen, er denkt stets an alles, woran er denken kann.

Schwänzel ist eine Hilfe, er rettet einen Mann. Aber er folgt diesem Mann nicht in seine Abgründe hinein, dieser sieht ihn nicht als Hilfe in seinen Schrecken. Allein kommt er spät im Montparnasse an, sucht und sucht, er hat gut geschlafen, das ist einmal viel – niemand mehr da von denen, die er sucht. Er hat etwas Geld, isst zwei belegte Brote im Café D, mit drei Weißweinen, sitzt im Café C bei einem großen Bier (einem Formidable, einem Liter) über eigenen Entwürfen, kommt später, schon belebter, durch das Café K: da erblickt er ein Mädchen, das er in den letzten Nächten ersehnt, sie gleicht etwas jenem Mädchen in der Ferne, dem er geschrieben hat, heute ist sie angeheitert und eben im Moment schaut er hin, wie sie einen Mann küssen will; sie bot die Lippen, schaute im letzten Augenblick um sich, erblickte ihn, der rasch wie der Wind ein Lächeln aufsetzte und es, sich wegwendend, davontrug, um an der Bar laut zu lachen. Laut, fast schrill, allein. Da war sofort das Mädchen auch an der Bar, sagte nichts, ging wieder zurück. Er, bebend, ein Riese, der lachte, hatte auch nichts gesagt. Aber jetzt ergriff ihn die größte und heftigste aller Begierden, zu trinken, er verlangte ein starkes Getränk – Cognac in großen Gläsern, zum Vermischen mit Wasser bestimmt, aber ohne Wasser – wiederholte die Bestellungen rasch nacheinander, setzte sich, dasselbe Getränk weiter verlangend, an einen Tisch, gegenüber dem Mädchen ... Beim vierten Glas aber legte er die Hand darüber – es war ein großes, kelchartiges und sehr klar gebautes Glas – schloss sie, schloss sie immer mehr, das Gesicht zog sich wild, wie bei einem, der Eisen beißt, zusammen; er gab die Übung auf und, wie ein Löwe, begann sie wieder; ein leises Geschehn, der Einsturz, aber es hatte Folgen: ein bis zum Knochen durchschnittener Finger blutete wie ein Schwein. Im Nebel, erleichtert, fast seelisch jubelnd, nahm er die Kleinigkeit wahr. Aber die Wirtin erschien mit einem großen Tuch, zürnend, die Leute zeigten, redeten hin, das machte auch ihn aufmerksamer, den man ins Lavabo führte. Aber er war beinahe fröhlich. Die Wirtin verband ihn, das Mädchen, um derentwillen ers getan, war weg. Die Wunde an seiner Hand, mit der er davonging, gab ihm eine Art Besitz und eine Art Stolz; durch den dicken Verband hatte das Blut sogleich durchgeschlagen, nun trug er mit Würde eine riesige rote Kugel, provozierte damit einige Leute, hinter ihm her tropfte das Blut. Er war diese Nacht ein guter Kunde gewesen, aber Wirt und Wirtin des kleinen Cafés K (des Banditencafés) waren zufrieden, dass er weg-ging. Nach Hause? O nein, das keinesfalls. Die Seele war aufgereizt, gar nicht müde, der Körper allerdings verriet einen vorgerückten Zustand – *wie* vorgerückt der ganze Mann war, konnte ihm später erst ganz klar werden, o, jetzt dämmerte es ihm auch, aber die ganze Seele war Jauchzen dazu, war Bejahung! Halb fallend, halb schrei-end torkelte er um neun Uhr morgens in das bessere Café D hinein, jetzt, eben zur Stunde, wo der lautere Montparnasse schlief und nur vornehmere, reservierte-re Figuren ihre Zeitungen lasen und stille Frühstücke aßen. Einem Kellner oder Gérant, dem er entgegenprall-te, erzeugte er die sofortige Bewegung des Einsprin-gens – aber da hielt er wie eine Fackel die blutige Kugel der dick umwickelten Hand hoch, somit jede Ausfüh-rung voreiligen Zugreifens blockierend, wenn auch eine nur größere Spannung erzeugend, als er nun zwischen Tischen und Stühlen sich durchzubewegen begann. Klar war ihm immerhin, dass er einen Grund, rasch einen Anschluss haben müsste: da sah er wie durch viele Schlei-er und Nebel hindurch ein bekanntes Gesicht. Die Inha-berin des Gesichtes, die einige Meter von der Stelle saß, wo er schaukelnd und durch die Nebel starrend stand, mochte ihn schon eine ordentliche Zeit früher gesehen haben. Ihn trieb nicht nur Klugheit dem Personal gegen-über, als er nun mit den einladendsten Gebärden auf sie zukam, ein entsetzlicher Hunger, die unwiderstehlichste Notwendigkeit, mit jemand zu reden, nicht allein zu bleiben, die trieben ihn zumeist, und davor konnte nicht einmal in Betracht fallen, dass er mit dieser Frau, die wirklich zu seinen Bekannten gehörte, übrigens einer Hyäne ähnlicher war, niemals nähere Beziehung unterhalten hatte. Er stand vor ihr und grüßte mit überschwänglichen Bewegungen der roten Kugel, des Hutes in der andern Hand und übrigens des ganzen Körpers. Aber die Frau, eine seiner Bekannten, namens Olive, die aber einer Hyäne ähnlicher war, zeigte ein steinernes Gesicht und kannte ihn nicht. Ja, sie ließ wohl vielleicht auch hilfesuchende Blicke in jener Richtung, wo Personal zu vermuten war, entweichen. Das war wohl alles sehr begreiflich von dieser Frau, wenn sie auch damit zeigte, dass sie nicht so sanft wie eine Olive war. Dem Personal musste jetzt scheinen, dass der Eingedrungene wildfremde Personen, dazu noch weibliche, belästige, und das war doch schließlich nicht ganz genau der Fall. Man fasste jetzt den Mann mit Gewalt, das Personal hatte sich gestärkt und ließ sich nicht mehr einschüchtern von der roten Kugel, und man stellte ihn hinaus. »Rätselhaft« murmelte er draußen, wo er mit gesträußten Haaren stand und ihm ein gutmütiger Passant seinen gefallenen Hut wieder in die Hand zu drücken suchte, »rätselhaft, – aber meine Schlauheit ist größer als die eure, wartet nur!« und er schlich sich zum zweiten Eingang wieder hinein. Aber da hatte seine Schlauheit, die den zweiten Eingang fand, wieder nicht mit ihrer größeren Macht gerechnet: Neuerdings wurde er mit Gewalt hinausgestellt und dann fand er sich in Gesellschaft uniformierter Männer draußen, die sich anerboten, ihn weiterzubegleiten, was vorerst einen verworrenen und nicht unangenehmen Eindruck machte. Erst allmählich wurde klar, dass in ihrer Begleitung eine unwiderstehliche Linie lag, man konnte mit ihnen sprechen, das war angenehm, die unwiderstehliche Linie zeigte sich, als er wieder in ein Café am Wege eintreten wollte und daran verhindert wurde; jetzt wurde ihm auch klar, dass er sehr fest gehalten, ja, dass er abgeführt wurde; schließlich ein Geschehen, irgendeins von vielen, es verwunderte ihn nicht sonderlich. Man bog in die rue de la Tristesse, die Straße der Traurigkeit ein, da befand sich der Posten; das Eintreten, alles geschah unwiderstehlich, man nahm ihm Gegenstände weg, alle Gegenstände bis zu einem kleinen Bleistift, Schuhriemen, Taschentuch, alles unwiderstehlich, gar nicht grauenhaft, auch das Reden nicht, die Menschenmenge, die dunklen Farben des Lokals; Getöse, Stille, Wasserrauschen: Man schloss ihn ein, kein Zweifel, der Spaß war aus, er war ganz ernstlich eingeschlossen und wurde viel wacher. Er war in einer kleinen Zelle mit harter, zerkratzter Wand, einer Bank, Urinoir und einem Gitter. Das war jämmerlich, immerhin, das hatte er nicht gedacht; immerhin, ein Schlag, was für einer, irgendeiner; plötzlich ließ er das alles in weite Ferne rücken, legte sich zum Schlafen auf die Bank, gleichgültig, und schlief ein. – Rauschen, Wasserrauschen, Hallen durch steinerne Gänge; Gesichter waren am Gitter: ein Polizist; so geschah das Erwachen, zu einer viel helleren Stufe von Tatsachen. Die blutende Hand, das Abgefasstwerden am verwirrten Morgen standen da. Jetzt wurde das Warten schwer. Nur ein winziges Stück roter Kamm fand sich in der Tasche. Er versuchte etwas, was er nie verstanden, immer verächtlich gefunden hatte: seinen Namen damit in die Wand zu kratzen; aber es gelang nicht, die Wand war zu hart. Dann begann er – o, er war noch erheitert, es mochten noch nicht viele Stunden vergangen sein – mit ungeheuer lauter Stimme zu singen. Wieder etwas später kam man mit nüchternem Lärm und Knarren aufschließen, ihn hervorholen mit groben Rufen. Jetzt sah er die Polizisten deutlicher und nüchterner, auch der Raum, in dem er verhört wurde und ein Paket mit seinen Sachen zurückerhielt, war nun von blödsinniger, detaillierter Sachlichkeit und Geringheit, gar nicht mehr rauschend und groß. – Ein Polizist führte ihn durch die Straßen auf das Kommissariat, er musste ohne Schuhriemen und Gürtel und Krawatte neben ihm schreiten, ein Paket mit den Gegenständen unter dem Arm. Dort wurden Schriftstücke ausgefüllt, er musste unterschreiben und erhielt seine Sachen zurück, konnte gehen. Im Hausgang zog er die Krawatte an. Auf der Treppe die Schuhriemen, das war mühsam, der Kopf schmerzte. Ernüchtert und erleichtert, ein plötzlich Losgelassener, etwas krank, verlegen, als ob alle ihn anschauen müssten, stand er auf der Straße, es war Mitte Nachmittag; er ging träumerisch in irgendeiner Richtung und besann sich: wohin nun gehen?

Schwänzel kam zu ihm, Bilder zu holen. Alle Bilder, die bereit waren, verschwanden bei ihm. – Die Leute sagten: er sauft sich zu Tode. Schwänzel beschwichtigte: da sei nichts zu ändern, und: er male gut. –

[...] Aber diesmal, sei es, weil er keinen Centime Geld auf sich trug, oder weil er todelend aussah, ging es auf dem Kommissariat nicht so ruhig ab, sondern hauten sie ihn jämmerlich durch. Es war ein anderes Kommissariat, wohin man ihn, immer vom selben Posten an der rue de la Tristesse aus, durch so lange Straßen geführt hatte, dass er umzukommen meinte. Endlich war man angekommen, unweit der Porte d'Orléans. Oben im Bureau, nach einiger Einsichtnahme in Schriften und einigen Fragen, befahl man: »Warten, hinunterführen!« Unten schob man ihn in einen von Schutzleuten gefüllten kleinen Saal und durch die Schutzleute hindurch, die sich nachdrängten, zu einer Brüstung, hinter der ein höherer Polizist stand. »Nimm den Hut in die Hand!« donnerte der höhere Polizist (dazu muss man bemerken, dass es in Frankreich Sitte ist, fast überall den Hut auf dem Kopf zu behalten), aber ehe der Angedonnerte den Befehl ausführen konnte, bekam er schon eine geballte Faust an den Kopf, dass der Hut allein weit ins Lokal flog. Damit war für die Schutzleute gewöhnlichen Grades das Zeichen geschehen, dass auch sie sich betätigen durften: Hiebe, Ohrfeigen, Stöße, Tritte geschahen von allen Seiten. Im gebrechlichen Mann, der von den einen Henkersknechten in den Bereich der andern geschleudert wurde, brannte nun, trotzdem er besoffen, dann elend und seiner Sinne fast nicht mehr mächtig gewesen war, als oberster Grundsatz glühend ein Wissen: Keinen Widerstand, nicht einmal ein Zeichen der Abwehr leisten, sonst schlagen sie dich tot! Den einzigen Weg in der Todesangst begehend verhielt er sich wie ein Lamm und in kurzem hörte fast plötzlich das wüste Toben auf. »Dort! Hinhocken!« gab man ihm zu verstehen und er gewahrte eine Bank ohne Lehne, wo noch ein armer Sünder saß, den er vorher nicht gesehen hatte, ein junger Bursche in zerrissenen Lumpen, der ihn mit kretinistischen Gesichtszügen schadenfroh angrinste. Vielleicht tat er es, um sich mit den Polizisten gut zu stellen, jedenfalls konnte er ein Freund nicht sein. Die Polizisten kamen nun einer nach dem andern heran, stellten fast jeder dieselben Fragen – und es wäre nicht ratsam gewesen, einem unhöflich zu antworten! – und übten weiter ihren Mutwillen an den rohesten Späßen. »Was sagt er, sei er? Hörst du, Maler!! Wird einer sein, der den Hintern der Luxushuren mit Farben bestreicht!« – »Mein Freund, du siehst aber nicht gerade gut aus, mein Wort, du siehst wie geschissen aus.« – »Vom Saufen allein kann er nicht so aussehen ...« [...] und so geht es fort. Der andere arme Sünder, der etwa wegen eines Diebstahls dasitzen könnte, lacht bei jeder neuen Lachsalve breitgrinsend mit. – Endlich kommt eine Meldung und man schiebt ihn wieder nach oben, wo er ein Papier zum Unterzeichnen vorgesetzt bekommt. Seine Sachen wirft man ihm sozusagen an den Kopf. Wie er einen Blick auf das

Protokoll, das er unterzeichnen soll, werfen will und kaum ein Wort erhascht hat, brüllt man ihm zu: unterzeichnen! Wir haben hier keine Zeit! – Also das Leben ist doch gerettet. Wieder zieht er, hinter einer Haustüre, Gürtel und Schuhriemen an; die Krawatte, das vermag er nicht mehr; wozu auch! Er schleppt sich, erbarmungslos gegen seine Gebrechen, den Weg entlang; das hat er nun gelernt, rasch braucht er jetzt nicht zu gehen, er kann Halt machen, wann er will. Welchen Weg, fragte er nicht mehr: zu seinem Zimmer, das von hier nicht weiter entfernt ist als der Montparnasse. Ob ihn einer so ankommen sieht, ist gleichgültig. Er erreicht sein Zimmer.

Oftmals sitzen einige zusammen und weisen auf eine Figur. »Ein Halunke«, sagt der eine, »einer, der etwas kann«, sagt der andere. Dann erzählen beide ihre Erfahrungen, oder das was sie über die Figur gehört haben; und schließlich einigt man sich auf ein »weiß nicht«. Zu lange spricht man kaum von dieser Gestalt. Es gibt im Montparnasse noch andere solche. Und vor allem schießt man den Leuten kein Geld vor. Es gibt im Montparnasse nicht nur zu viele Besoffene, sondern vor allem zu viele, die Geld vorgeschossen haben wollen. Und wenn dann gar noch die Besoffenen Geld verlangen ... Ein Besoffener braucht doch nichts mehr, er hatte schon zu viel. Es gibt im Montparnasse viele Reisende und Journalisten, die die Dinge mit Namen benennen. Aber so ein Besoffener ist eine ganz andere Welt. Er fährt oft, ein Schiff, allein auf dem unendlichen Ozean. Alle Küsten sind verloren – während er von Café zu Café schwankt – und sein Schiff eilt zur Entdeckung Amerikas. Nur, es meutert in ihm nichts. Denn alles in ihm weiß: er *kann* nicht mehr zurück. – Er würde den Zusammenhang jener Reisenden verstehen; nur, jene verstehen sein Denken nicht; da ist auch Logik, auch Zusammengehörigkeit, auch einfache, große Klarheit; nur haben sich die Wertbegriffe geändert. Es geht um ganz andere Dinge. An einem Abend, da der Mann leicht benebelt, ungenährt, Schwänzel sucht, fieberhaft rennt und geht, was ist Hunger? aber die Qual des Durstes, körperlichen und seelischen Durstes, und der Verzweiflung vor den Orten, an die ihn sein Weg allein hinführen kann, wenn keine Hilfe erscheint! Wie kann man diese Wünsche nennen in einem Mann, der verzehrt wird, der spürt, nicht mehr leben zu können, bis zu einem losgebrochnen, schrecklichen Irrsinn gehen zu müssen, wenn diese letzte Erfüllung, die zaubert, die verzaubert, in die sich alles gesammelt hat, nicht eintritt? In seinem Verlangen sammelt sich nicht nur alle Qual des Mangels, sondern auch aller Schrecken vor der Verlassenheit, alles verbitterte Doch-leben-Wollen, und die in den Abgründen, im Grausen, in den Schiffbrüchen zusammengepeitschte, in einer Flamme hochschießende Kraft. Er ist zugleich ein entsetzter Fliehender und ein riesenhafter, einmaliger Herrlichkeit, um die man alles wagen kann, Entgegensehender, maßlos Begehrender. Aber *ein* Mann, ein Ausgestoßener und ein Besessener. Die Nacht wird, wie noch nie, so dunkel. Er möchte Steine und Mauern rühren, aber vor Menschen wird alles Glück immer unmöglicher. […]

g

li

An

nac

set

matt

ler R

fasst

schreie

Stoss,d

lange m

los,ohn

Stössen,

und merk

ter!De

Tag,f

auf

ank

be

[...] Die wahre Unendlichkeit dieses Weges, den nur noch Hoffnung, keine Berechnung mehr ermöglichen kann, zeigt, von dunkler Säule zu dunkler Säule, von Hauseingang zu Hauseingang, eine Ewigkeit. Aber wenn man ihn da liegen fände, würde er wieder weggerafft, auf die Polizei gebracht, und schließlich käme er einmal nicht mehr von dort los. So weit ist er noch nicht, er *muss* nach Hause. Die Blicke fallen in jene schwarzen Schächte hinunter, wo das Wasser rauscht, immer schwärzer, tiefer – – – und ES (der Körper) geht doch immer noch, durch Beulen, Schmerzen, Kälte und Ängste. Einmal ist noch irgendwo Lärm von Leuten. Sie begegnen wohl, kommen wie Naturerscheinungen heran auf der Straße. Haltung, nicht zu viel schwanken! Dunkel vorwärtsstoßen, in der Spannung nicht loslassen, es wird gelingen! Die denken nun ... Aber so ist ein Besoffener: Eine Welt, die tönt und spürt. Nicht allein, *jene* sind entfernt. Einer allerdings, einer kann nicht mehr hin zwischen den beiden, er ist verschwunden. Die andere Hälfte wurde riesiger und sie ist gewiss doch das Ganze. Du, Du, Du ist ihr Ruf. Ich würde zu jedem beten, der mir naht (mit jedem Gott habe ich's versucht!) – Grinsen tönt als Antwort hinter Wänden. Drohungen kommen hervor: sinken lassen? Er kennt die Folgen. Kalte Straßenrinnen, schwarzer Randstein. Schlag, Vernichtung. Vielleicht ein Blitz, der niederfährt, Blut, Kot, dann Tod. Das Grauen treibt ihn – – – –

Es kommen Zeiten, da er will mit Schwänzel brechen, ihm flucht, will an ihm rütteln; aber der ist seiner Sache zu sicher, er stimmt allem lässig bei, zu sicher, dass der andere ihm verfallen ist, schon wieder zugetrieben wird: Wie er wolle, er zwinge, nötige niemand. Sogar den Kontrakt – großartig – bringt er nicht in Erwähnung, und er hat doch Geld vorgeschossen, er hätte die Arbeitsleistung dafür noch zu fordern, mindestens. Aber Schwänzel schaut nicht auf das, mag der andere sich von ihm lossagen, ihm »ist es gleichgültig«. – Also endet der Versuch ohne Änderung, nur ein paar Zehnernötchen wandern zu ihm. Wenn jedoch Wochen vergehen, ohne dass gemalt wird, dann wird Schwänzel äußerst aktiv, er bläst und treibt; und das weiß er auf eine Art zu tun, die wirkt, in seiner Art sind ziemlich genaue Rechnungen mit dem Charakter des Mannes einbezogen. – Die Monate, die Jahreszeiten wandern. Wie ein im Hause Saufender Tag und Nacht vergisst, so sterben hier, im Montparnasse, die Augen langsam ab für den Wandel der Jahreszeiten. Wie immer sitzen die Leute auf der Terrasse des Café D, neue kommen an, mit deren großer Zahl verglichen die vielen alten, die blieben, wenige sind. »Wer ist dieser Mann?« – »Ein Säufer, greulich, ich mag die Säufer nicht. Man sagt, er male gut. Art Genie, ich habe nichts gesehen, mag auch nichts sehen. Ich verstehe ja vielleicht nichts von Malerei.« Aber der Mann von auffallendem Aussehen, der in Schlaf zusammengesunken schien, hatte ein feines Ohr: »Nein, Sie verstehen nur was von Scheiße. Wenn ich mich hinwende und Ihr schmutziges Gefrieß sehe, wundere ich mich, dass niemand es abwischt« u.s.w. Stehn Leute auf, prügeln? O nein. Nur, wie eben ein Kellner vorbeigeht, wird zu ihm eine Bemerkung gemacht. Der? – Man schaut ihm nach, der in seinem schmutzigen Anzug abzieht. – O, was soll der, man kennt ihn, er ist nur betrunken gefährlich. Und jetzt kann er sich doch noch halten. Oder aber – – schaut doch, schaut hin! Über die Terrasse weg mit Zornesstimme: »Scheiße! Scheiße! Dreckgefrießer!« Reaktion entsteht. Murmeln. Auffahren. Er ist vorbei. Schüttelt sich und lacht in sich hinein. Die ganze Laune ist auf einmal gut geworden.

Jetzt geht er arbeiten. Jedoch rasch breitet sich um ihn Öde, die gute Laune fällt von ihm ab, nichts gelingt. Die Terrasse voller Menschen steht vor ihm. Gewiss, er hat keinen gekränkt, jedoch – er ist gekränkt. Immer ausgeschiedener. Immer mehr verliert er den Zusammenhang. Er friert, er friert. Welche Stille, welche Angst! – Nur im Rausch hat er wieder Liebe gespürt. Sie wärmt, er ist umgeben, da *war* wieder Zusammenhang. Er fror nicht mehr, er litt nicht mehr –. Wie es eisig und steril ist um mich! Ich will nur das Eine, nur das Eine: nur leben will ich, wie die andern auch leben: nur leben, wie eben ich leben kann. Flucht. Raub. Gedankenlosigkeit. Nein, klares Wissen. Nichts anderes kann möglich sein. Dieses Reden, immer Reden, Reden in mir. Es tönt, es rauscht, wo ich gehe, es endet nie mehr. Geister! Wasser! Erde! Kühlung! ich ersticke. – Ach, wer könnte den Rasereien entgehen; Kühlung! –: Sie zum *Großen* fesseln, das ist Lust! Da werden sie auf einmal stark und fügen sich ein, verlieren ihr gereiztes Reizen. – Fliehen, hinaus! vergeh dieses ewige Gerede. Ach, da herrscht Kälte, das Einsame, die Einsamkeit. – Aber es wird wieder wärmer und wird belebter: Da steht er an der Bar und trinkt. Er schweigt; er ist ganz still.

Die getrübten Augen versenken sich in einen Abgrund. In ihnen ist Liebe. In der Angst ist Liebe und in ihrem Zittern: Du, Menschenkind, hast dich getäuscht. – Die Stunden gehen vorüber.

An der Straße steht eine Wand und vor ihr steht ein Greis und schaut an der riesenhohen fensterlosen Wand empor. Einige Plakate haben sich gelöst und regen sich langsam im Wind, wie vor Rost zerbröckelt sind sie. Die Wand ist sehr alt und reicht fensterlos sieben Etagen empor. Der Greis ist nicht alt, aber halb lahm und schaut der himmelhohen Wand entlang bis zum Streifen Luft empor, der grünlich ist und in dem kleine Vögel fahren – meilenweit, winzig und zwitschernd. Dieses Bild entsteht. Dass die Vögel zwitschern, spürt man – in großer Ferne, leise. Aber jetzt nahen Pinsel mit vollen Farben, die Mauer bekommt Panzer, sie muss herannahn, umgeben, erdrücken. – Nein, sie erdrückt nicht: der Mann fällt in die Knie, aber er wird auf einmal ein Riese, es erglänzen seine Panzer und Schwert. Doch dann wird alles stiller, die Mauer soll durchbrochen werden, Grünes. DAS Grüne bricht ringsum herein. Alles Versuche, rasch, in halben Stunden wandern sie. – Nein, um mich wird es nicht mehr grün, sagt er.

Der Verlust des Grünen, die ewige Traurigkeit. – So soll brennendes Gelb der Sonne mein Grün ersetzen! –

Jetzt geht es entscheidend vorwärts, die riesenhohe Wand verschwindet, wird rasch zu einem goldartigen Gebirge. Jedoch, wie er manchmal die Erde wohl zinnoberrot malte, in Lehm und in Ton, und in gewaltigem Orange der Urzeit, der Himmel aber bei ihm nie schrecklich war, nicht hoch und fremd und kalt, sondern immer wieder ein Nahes enthielt, nicht Gold, wie die Erde, sondern etwas Silbernes: so findet sich im Firmament und in der Gestalt des Mannes etwas Grünes ...

Die Reisenden kommen und sehen sich die Stätte der Vergnügungen an, das praktische Getriebe des Montparnasse geht seinen ruhigen Gang, die Geschäfte blühn, aber für einen und noch einen ist der Montparnasse eine gewaltige Orgel. Er sieht nicht die kleinen und großen Geschäfte blühn und die Kühlheit der Leute. Er sieht einen Orkus, ja, aber einen, dem er nicht entfliehen kann. Er hat nicht das Land in seiner weiten Grünheit vergessen. Aber er spürt, wie nichts ihn dahin zurückführen kann. Er wollte, an einem Nachmittag, nachdem er verhältnismäßig frisch aufgestanden ist, in eine stillere Gegend von Paris spazieren gehn. Er ist dahin aufgebrochen, aber bald wird er müde und das Geld fehlt und die Leute sehen ihn so kalt an, alle Dinge reden Heimatlosigkeit! Oben, im Montparnasse, sieht er Bekannte, vielleicht bringt einer etwas Neues, und sehr viele Leute wissen doch, wer er ist, so dass er nicht wie ein Entfremdeter schreitet, und dann, nachts, beginnt die große Orgel, die ihn so oft hochgetragen hat. Im Montparnasse kennt man keine Jahreszeiten, die große Orgel erbraust, nur an- und abschwellend mit den verschiedenen Stunden des Tages. Ihr Brausen erschüttert, ein Schwanken geht durch den Menschen, Gefahr ist für den Stand deiner Füße. Durch die Föhrenwälder geht ein Rauschen. Dunkel, wie aus Ewigkeit her kommen wir wieder hinüber in den weiten Wald des Cafés C. Und dann stehen wir wieder am Bartisch D, Bier vor uns, einer hat das Zahlen ermöglicht. Manchmal hat der Zink schon die Länge einer Eisenbahnschiene, die in die Weiten, gegen den Horizont hin, verläuft. Aber da dran, riesengroß, ruhig und mit natürlicher Selbstverständlichkeit, hantieren Menschen, als ob sie ewig dagewesen wären. Einer greift ein Gebäck aus dem Glashaus, in dem der Korb steht. Und die andern klappern mit Löffelchen, die Kellner rufen immer dasselbe, Gläser, Plateaus und Tassen tönen immer gleich. Aber das ist noch nicht die große Orgel, die große Orgel bläst jetzt die endlose, ungeheuerliche Stille. Hörst du ihre ungeheuerliche Stille? Siehst du die Wälder, mit Bäumen wie aus Glasfiguren, stehn und sich dehnen? Spürst du den, der von den Bergen, über den Wäldern, den grenzenlosen Jauchzer erschallen lassen wird? Siehst du die Tiere rennen? Spürst du, dass du bald ein Löwe wirst und bald ein Hirsch, dass du hinauf in die Bäume wirbelst wie ein Eichhorn und tief unter uns, wie die Mäuse gräbst? Um uns stehn die Bäume und es rauscht sachte in den Wipfeln, ewig sind die Zeiten. Du aber stehst immer noch, immer noch, noch ein Bier kommt und geht langsam weg, stehst immer noch, getragen von den Tönen der Orgel, versunken und still.

Der Morgen, er ist meist ein graues Grab, dem du nicht entsteigen zu können glaubst. Aller Tod, Tod rings umher, steht da am Morgen. (Morgen ist die Zeit seines Erwachens.) Er wird nicht mehr trinken, heute wird sich alles ändern, wird sich – – – Jedes Mal kommt es doch wieder anders. Ein anderes Ich erwachte nach einigen Stunden, wenn er wieder unten im Montparnasse steht, unter Menschen. Wie ein Wind, man weiß nicht, woher, ist wieder jene Leichtigkeit herangebraust, die das All in *einem* Moment austrinken will, oder jene Leidenschaft – darf man sagen: er trinkt? Die Farben sind immer neu, fast jeden Tag. – So sind die meisten Morgen. Es gibt andere: da er in Ekstase, so schnell, er weiß nicht, wie, sich hochringt vom Lager, und schon wieder unten seht, unter Menschen, ehe er's selber recht weiß; Morgen, da er eine oder zwei Stunden nur geschlafen hat, in der Erheitertheit noch aufsteht. Und dann erst jene vielen Morgen, wenn man das Morgen nennen will, da er sich im Montparnasse befindet, auf diese Art besoffen, auf andere Art besoffen, so verloren, anderswie, begeistert oder traurig, allein oder unter Lärmenden. Aber jene furchtbarsten Morgen sind noch zu nennen, da er nicht nur meint, sich nicht erheben zu können, sondern da liegt, liegen bleibt, fern dem Schlaf und der Ruhe, fern auch jeder Fähigkeit, sich aufzuraffen, da er nichts zustandebringt, als sich von Zeit zu Zeit zu wenden. Und es kommt niemand, das zu ändern, da zu helfen – mein Gott, wer würde auch die Sache ernst nehmen? Ein Besoffener! Ja, wenn es das erste Mal wäre! Aber es gibt auch heute noch Besoffenheiten, die sind ärger als das erste Mal – unvergleichlich! Jede Kraft ist aus dem Körper gewichen, alles ist gerädert. Die Mühle des Kopfs ist eine solche Qual, dass es nur eine Rettung gibt: nicht daran denken. Und nicht daran rühren. Jede Körperdrehung bringt die Mühle in sausenden Lauf. Und es gibt keinen, der Halt gebieten könnte. Da, ja, da möchte man aus dem eigenen Körper hinaus. Sich fern, ein kleines Vöglein, an den Rand der Ewigkeit setzen, ein unbedeutendes, ephemeres Vöglein, das noch einmal einen piepsenden Ton gibt und schmerzlos stirbt, unbekanntermaßen, irgendwo draußen, an einer Küste der Ewigkeit. – Husten fasst ihn an solch einem Morgen, er ist ganz verschleimt und erkältet, der Hals schmerzt. Wie er aber ausspuckt sieht er, dass Blut dabei ist – er erinnert sich, schon die letzten Tage einige Male Blut gespuckt zu haben, aber heute beachtet er's, ein neuer Schrecken ist auf einmal erschienen: er erinnert sich an einen kürzlich aus dem Montparnasse durch Auszehrung Weggerafften, den er genau gekannt, in seinem Lauf verfolgt hat; ist es mit ihm auch schon so weit? Drei Jahre hat sich jener andere dem sausenden Dasein ergeben, er war älter, nahe den fünfzig, aber genügen bei ihm selbst die Gründe nicht? Sieben Tage ungefähr, rechnet er nach, war er jetzt jede Nacht betrunken gewesen, um sechs oder auch erst Mitte vormittags nach Hause gekommen, hatte drei Stunden geschlafen, nicht mehr, schlecht gegessen – – Wie dunkle Rabenschatten fällt es dahin, ganz nahe, aufs Leintuch sozusagen: immer hatte er doch noch irgendwie mit Vorbehalten, mit Reserven an seinen Tod gedacht, konnte es nicht sein, dass er schon ganz nahe, trocken und prosaisch nahe stand, auf die determinierte Weise; dass, was jetzt begann, den Fortgang nehmen würde, den er genau kannte: noch ein paar Tage, dann trat Blutsturz ein, es kamen die Krankenhäuser, vielleicht rettete man ihn, den andern hatte man einmal gerettet, es gab einen Rückfall und jetzt lag er schon lange begraben. Schwarz wie Rabenschatten, ganz dicht und prosaisch nahe, fiel es neben ihn. Und diesmal nahm er den Schreck mit sich fort, auch als er unten an den gewohnten Stätten sich befand, drei Tage trank er fast nichts mehr und strengte sich an, zu essen; auch vollendete er in diesen Tagen ein wichtiges, vor langer Zeit begonnenes Bild. Aber dann wurde der Schreck wieder blasser, keine Änderung konnte ja in seinem Leben eintreten, der Geldmangel dauerte an, die Einsamkeit blieb, die Fähigkeit zu jeder Arbeit erschlaffte, die gewohnten Umstände, Einfluss der Bekannten und des Milieus, wirkten wie immer. Schwänzel überreichte ihm abends zwei blaue Scheine und von zwölf Uhr an folgten sich die großen Biergläser sehr rasch. Das Geld ging zu Ende, der gewohnte Ingrimm begann, er ging und ging, redete alle Leute an, von denen er hoffte, etwas bekommen zu können, versuchte Schulden zu machen auf Schwänzels Namen, da ihm dieser sehr viel schulden werde, sagte er. Alles wurde abgeschlagen, zuletzt versetzte er ein paar neue Pinsel, die er mit sich trug, spürte durch die erhaltenen zehn Fränklein nochmal Leichtigkeit und Freude, dann wurde es sechs Uhr, alles war vertrunken und der Hunger begann. Mit diesem Hunger zusammen fand er sich doch einmal zu Hause ein – schlief er doch einmal, etwa gegen zehn Uhr, und der Tag verlief wie die alten Tage.

Wer kam helfen, wer konnte helfen kommen und brachte neue Tage? Da war ja höchstens Schwänzel, immer wieder nur Schwänzel, der in Betracht fiel, aber der kam ja nur nach den Bildern schauen. Veränderungen, Besprechungen, allgemeinen Überblick lehnte er ab. »Hier sind zwanzig Vorschuss, keine Romantik, jeder muss doch seine Schritte tun und etwas leisten«, sagte er, um so ein Beginnen abzulenken: »Male. Du weißt, dass es nichts anderes zu erhoffen gibt. Male. Niemand kann deine Bilder machen. Kein Künstler hat es leicht gehabt.« Gleich trocken verwischend verhielt er sich, wenn er vom Nichtgenügen des Geldes zu hören bekam: »Mensch«, sagte er, »ich gebe, was ich kann. Soll ich mehr geben, als ich kann?« – »Farben, hast du Farben?« Er schaute solche Dinge nach. Die Pinsel wurden zurückgeholt, wenn sie für zehn Fränklein versetzt worden waren. Dann sagte Schwänzel noch etwas merkwürdig Ermutigendes, vor allem schaute er immer auf die Bilder. – Öfters schimpfte er auch, wenn wieder Pinsel oder Farben versetzt worden waren oder seit drei Tagen kein Bild mehr angerührt. Auf einen zornigen Schrei, den er zu hören bekam: »Ich gehe zu Grunde, ich muss fort von hier!« antwortete er trocken, es sei nicht zu ermöglichen. Übrigens sei die frische Luft für ihn bei weitem nicht so nötig, wie gerade so ein Ort wie der hier, der ihm Ekstasen gebe. Und man könne hier auch leben, genug Leute lebten hier, er solle eben in Gottes Namen doch etwas weniger saufen. Seinetwegen könne man sich überhaupt trennen. – Aber wohin sollte er sich sonst wenden? Da kam er wieder und war zufrieden, die zehn oder zwanzig Fränklein zu empfangen, die Schwänzel ihm offerierte. Denn was soll ein Mensch tun, der ohne Geld in der Stadt Paris irrt? Zudem hatte er sich vor sich selber einverstanden erklärt, das Geld anzunehmen; es hatte nichts Erniedrigendes; denn nahm nicht Schwänzel seine Bilder? Und wusste etwa so ein Mann, wie Schwänzel, nicht, was er tat? War er etwa ein den andern Geopferter? – Allerdings in solchen Momenten des Krachs zwischen ihnen, da hätte er gern, sehr gern auf die Fränklein verzichtet. Aber vor der Not erstarb die kleine persönliche Wallung sehr rasch. Wenn er so Stunden lang gewartet hatte, irrend von Café zu Café! Da rief ihm ein Kellner etwas zu: »He, gehts nicht gut, Meister?« oder »Schon wieder nüchtern?«; fernere Bekannte schauten verwundert und still – ach, wie überhaupt die ganze Welt in diesen Stunden so still war, so träge – ihn ließ man rasen, er war schon im höchsten Fieber. Hunger? Ach, was spürt solcher Löwe noch von Hunger, hier! Ja, manchmal in den stillen Morgenstunden. Aber jetzt hätte er ein paar Gläser Wein gebraucht. An einen Tisch setzen wollte er sich: aber nicht nur, ohne etwas zu bestellen, zu ein paar Bekannten, die selber knapp konsumierten, diese Gelegenheiten hatte er schon abgesucht, benützt bis zu den Grenzen, er konnte nicht immer und immer wieder hingehn, ihm war es zu schlimm vor den Augen, er hatte keinen Funken Kraft mehr für eine leichte, abwehrende Bemerkung zu den Kellnern. Und die Leute! Ach, so unerhört still und unbeweglich! Bewegte er, der Irrende, sich vielleicht zu schnell? Vielleicht wenn er nüchterner wäre – – Er hatte seit langen Stunden, seit der letzten Nacht nicht mehr getrunken, aber sein Zustand war noch ganz merkwürdig erschüttert. O, wie er diesen Zustand wahrnahm, wie er unter ihm litt! Unter diesem Zustand zu leiden, das ist ja das Erlebnis dieser irrenden Stunden. Das Gesicht wird willenlos, die Augen wollen erwürgt werden unter heißen Stößen von innen. Die Leute sehen das, denkt er, sie lächeln schon jetzt, sehr viele schauen auf ihn. – Wenn er etwas belebt wäre: nie hat ihm das Schauen der Leute was angetan, wenn er belebt war! – Ihm wird so unerträglich. Auch mit Bekannten, die er auf dem Trottoir trifft, spricht er nicht mehr. Vielleicht wäre jetzt einer unter ihnen, der ihm ein paar Fränklein vorschösse – aber er glaubt, schon keinen mehr fragen zu können. Die Stimme würde ersticken. Schon vor einer Stunde war sie fast unhörbar gewesen. Aber damals hatte er noch eine Fassung, eine geschlossene Düsterheit. Jetzt würgt es ihn in der Kehle. Weshalb denn eigentlich? Er weiß es nicht zu sagen. Er weiß nur, dass ihm unbedingt ein paar Gläser Wein zugeführt werden müssten, das ist nun das Erste, das Allererste, dann will er wieder sprechen, dann kann er denken, sich's überlegen und erklären. Er geht nicht mehr ins Innere der Cafés, jetzt da es Nacht geworden ist und die Lichter erstrahlen, würde jedermanns Auge auf sein Gesicht fallen, dieses Gesicht aber ist weich geworden gleich einer Qualle, Augen, die drauffallen, zerstören es. Auch auf dem belebten Trottoir vor dem großen Café bleibt er nicht mehr, ein Bekannter könnte ihn ansprechen, er zieht sich in die dunkleren Regionen des Boulevards Raspail zurück, dort gehen selten Leute und sie sehen den andern nicht gut, man könnte heulen, ohne dass einer es wüsste. Nun, wozu heulen? Es würde nichts ändern, er will es gar nicht, kein Heulen ist nötig. Ein paar Gläser Weißwein würden helfen. Er kann nicht, er kann nicht – mit niemand reden, mit niemand sein – das ist die Qual. Auch mit sich selber nicht mehr sein. Das nur ist es. Aber es geht nicht weiter, es geht nicht; laut redet er zu sich, er gibt der Rede einen Aufschwung, kurze, pathetische Stöße (niemand hört es ja), damit sie durchdringt durch das Erwürgende und Zerbröckelnde, nicht erstickt im Salz, von dem sein Kopf voll ist. Dann hört er die Stimme wieder ein wenig zuversichtlicher, fast wie die eines andern, er fühlt sich manchmal von zwei ruhigen Händen an den Schultern erfasst. – Wenn sie ihn doch weit bringen, bis zum Guten lenken könnten! – Oder er ist auch das, dieses Reden zu sich selber, nicht imstande. Ist er's imstande, hilft es nicht viel. – Und wenn er eine Straße kreuzt, könnte er leicht überfahren werden. Denn er lenkt sich nicht sicher. Er ist so träumerisch, wie auf einer andern Welt. Hier, zwischen den Autos, wird das plötzlich zur grauenhaften Wirklichkeit! Denn diese Autos sind aus schwerem Eisen. Sie fahren so ruhig und still, wie die Leute vorher auf der Terrasse saßen. Die Leute passieren so sicher zwischen ihnen und zweifellos rechnet die ganze Welt auch damit, dass er so sicher passiere. In Momenten kann ihn siedender Schreck fassen, wie einen erwachenden Nachtwandler. Er hat Angst vor sich! Mitten auf der Straße fühlt er, wie er gleichsam mit einer fremden Kraft dahin gelangt ist, einer Kraft, der er durchaus nicht vertrauen kann! Er sucht sich selber zu lenken, aber, immer mitten auf der Straße, spürt er, dass es auch jeden Augenblick geschehen könnte, dass er in ein Auto hineinrennt – den Zustand, einen wahnsinnig über ihn hereinbrechenden Zustand abzukürzen. – Und wenn er einmal spät nachts am Boulevard St. Michel dem Zug begegnet, der die Tramschienen benützt, dann wird er von einem unerträglichen Schreck ergriffen: das glühende, keuchende und riesige Feuerross ist hinter ihm her, er möchte in einer Seitengasse verschwunden und vergessen sein.

Die Leute sehen nicht ganz diese Schrecken, aber was die Leute sehen, das ist doch auf dieser Seite, nur auf dieser Seite der Schrecken: und der Mann ist zu anderer Stunde doch wieder ein ganz anderer Mann! Noch in derselben Nacht, nach den schrecklichsten Stunden – die ihn immer doppelt gereizt lassen, doppelt geneigt zum Trinken; er trinkt dann äußerst rasch, wenn nur eine Gelegenheit sich bietet, und der Rausch ist akut – noch in derselben Nacht steht wieder ein Mann vor der einsamen und verlorenen Bar, der alle Sterne zu kennen und besitzen meint. Er ist versunken und versinkt noch mehr. Ein Gesang entsteigt ihm – von einem Innern in ein anderes Innere – den er unnennbar weiß. In ihm sind alle Sterne, auch der größte. Die Barmänner sagen von Zeit zu Zeit ein Wort, auf das er ein Zeichen gibt – was sie andauernd sagen, hört er nicht – ein Zeichen, ja, sie können das Glas wieder füllen. Er kann es noch bezahlen – o! möge jetzt, jetzt nicht diese kleine Sorge bangemachend dazukommen. [...]

zs
d
g
w
e
s
e
d
wi
be
n
g

[…] hinüber zu ihnen, allen jenen Stunden, wie zu vielen und fernen Gipfeln, die er genau gekannt hat am Tage der Besteigung, die genauso nahe und alltäglich waren, wie dieses Holz, der Fuß des Bartisches, das er anstarrt. Die vielen Gipfel: Unten ist alles schwarz und ist Schlucht, wenige ahnen. Aber von einem Gipfel erblickt man die andern Gipfel, die man alle von unten nicht sehen kann. Alle Sterne und auch den größten Stern. Alles Unnennbare. – »Und weißt du, sagt er einmal einem Bettler, dass einer profitiert von mir? Er hat das Wenige und ich habe das Viele, aber er kann mir das Viele nicht nehmen, er kann also doch nicht profitieren von mir. Er kann mir das Unnennbare nicht nehmen und so hat jeder das Seine; aber er weiß nicht, dass ich alles weiß; und er weiß nicht, dass er nicht profitieren kann von mir.« Er ist selber erstaunt, das gesagt zu haben. Und der Bettler hat ihn wohl diesmal doch nicht ganz verstanden. Er antwortet: »Ja, ja, es gibt viele, die profitieren von den andern, aber sie können uns, was wir in der Seele haben, doch nicht nehmen, das sag ich auch.« – Alle Sterne und auch den größten Stern. Wer sind das denn, diese Gläser hier? Sind das Personen oder Sterne? Ein Glänzen. Und ein Rufen, wer die Gläser seien, ob Personen oder Sterne! Aber jetzt kommt eine Mahnung vom Personal: »Nicht so laut!« Ja, was ist, wo ist, wer ist laut? Sind die Gläser etwa sehr laut geworden, diese geheimnisvollen? Dann schiebt man den Mann wieder hinaus, er ist besoffen, sagen sie, er ist reif. »Reif!« antwortet er, »seid ihr auch reif?« Er schaukelt ein wenig, das fühlt er, aber nie fühlte er sich wärmer, klarer im Geist, stärker in der Seele. Und seine Augen suchen, suchen, während er schaukelt und umherwandert, analysieren mit Windeseile die Menschen, welche unter seine Augen kommen, er sucht jene, die nicht hart oder kalt, sondern lebendig sind; die werden nicht böse sein. Früher hat er alle, hat er jenen einen in allen gesucht; da ist er oft geprügelt worden, er hat seine Erfahrungen gemacht, ist stiller geworden, auch jetzt, da er schon schaukelt, spricht er nicht alle an, er wählt. Wenn er noch mehr betrunken wäre, dem Stürzen nah, dann würde er zu allen reden, brüllen. – Das Geld ist ausgegangen, er sucht noch und noch Geld, in seinen Taschen und bei andern Menschen, dann wird er allmählich stiller, einmal ist er wieder zu Hause, er weiß am nächsten Tag von seinem Heimweg nichts mehr, wenig nur von den späteren Nachtstunden. Schwänzel wird heute kommen nach den Bildern sehn, heute ist ein Tag wie irgendein Tag, gestern war ein Tag wie irgendein Tag, für Schwänzel, für alle, für ihn. Was soll er suchen?

Nicht immer dauert dieses Stürzen von der Höhe der Nacht in die Tiefen der Nacht, mehr und mehr wird nun alles eine Höhe, die Trunkenheiten treten zusammen, wie die Wipfel der Bäume zusammentreten, hoch über dem Waldesdunkel, und einen neuen Boden bilden. Wer leicht wie ein Eichhorn ist, kann da gehen. Durch die innern Feuer, die man nicht erfinden kann, leicht gemacht. Nur hie und da fällt er hinunter, etwas weniger selten tut er einen Blick in die moorige Tiefe, häufiger begleitet ihn das Gefühl des schwarzen Untergrundes, aber er hat ein besonderes Kästchen in sich für dieses Gefühl eingerichtet; da sperrt er es ein, es ist vorhanden, aber es kann nicht dahin gehen, wo es will. Und der Jubel der andern Dinge kann ungehindert ins Grenzenlose steigen. Weil ein Mensch überall Naturgesetzen gehorcht und sich sogar im Unnatürlichen nach und nach natürlich einrichtet, bildet sich eine Art Beruflichkeit der Trunkenheit aus. Und doch kann es nie alltäglich werden: zu viele Feuer brennen in ihm, er will ja nicht trinken, er kommt stets von neuem dazu. Ein andauernder Jubel beherrscht ihn, Tage, fast Wochen lang. Und manchmal kommt einer jener wenigen Freunde aus den dunklen Gassen der Umgebung hervor, einer von denen, die mitspüren, mittrinken können. Denn andere, Unbetrunkene, vermögen jetzt nicht mehr in seine Nähe zu gelangen. Sie werden starr, können die Wand nicht durchbrechen, er kann die Wand nicht durchbrechen, um zu ihrem ganz andern Zustand zu gelangen. Gewiss, es sind immer Trinkende da, jede Nacht. Aber wie trinken sie, wovon reden sie, was denken sie? Einige sind Banditen, andere sind nur vorgeblich belebt und schauen nach schlechten Kombinen aus, Ausnützende sind beide, Feinde, mit denen er nicht zusammentreten kann. Dann wieder ein paar fettere, ältliche Bürger, solche findet man wohl auch in später Nacht an den Bartischen von Montparnasse; sie sind etwas belebt, aber sie schauen genau auf ihre Umgebung, und so ein Mann, ein Maler, unbekannt, struppig und von geringer Figur – sie stellen ihn zusammen mit jenen Bettlern und jenen Banditen, vor denen man sich hüten muss. Und wenn doch ein Kontakt eintritt, wird vielleicht ein Getränk bezahlt, ein einziges. Waren nicht die Bettler eine viel bessere Gesellschaft? – Manchmal aber kam aus jenen Hintergassen einer der wenigen hervor, denen er sich ein Bruder fühlte. Und sie hatten sich beide nicht viel zu sagen, zu viel hätten sie sich zu sagen gehabt. Maler reden nicht so leicht. Sie sagten sich zwei Worte und steigerten dermaßen ihre Begeisterung, dass sie Getränke in Fluten, in Katarakten stürzten, solang nur Geld da war, es galt, heute wieder einmal alles, das Ding selber, das Unaussprechliche, aus der Ewigkeit abzufangen. Vielleicht war es manchmal nahe oder gar da. Der Morgen kam und die beiden verloren sich. Irgendwo lag einer auf einer Bank, der andre hatte sich vielleicht bis nach Hause geschleppt. Alle diese waren Menschen, die keine Hilfe hatten.

Schwänzel, der die Bilder holen kam, spornte an, schimpfte, lockte. Er wusste mit dem Mann umzugehen, ohne seine Individualität zu verletzen, ihm heftig zuzureden, wahrhaftige Resultate zu erreichen. Niemand wusste etwas Weiteres über das Schicksal der in Schwänzels Wohnung verschwundenen Bilder. Sie mussten dort schlafen. Selten nur legte Schwänzel ein einzelnes einem Kunsthändler oder Kritiker vor, ein- oder zweimal hatte er in irgend einem Blatte eine kurze Kritik, fast nur Erwähnung, zustandegebracht, ein- oder zweimal nahm ein Bild an einer Ausstellung teil. Und nur ein oder zwei Bilder hatte Schwänzel auch verkauft zu einem ziemlich dünnen Preis, dann bemühte er sich, sie wieder zurückzukaufen – das waren alles Kleinigkeiten im Laufe der Zeit, die Bilder schliefen. Den Bekannten im Montparnasse gegenüber aber machte Schwänzel manch lobende, vielversprechende Bemerkung. »Aber der Mann trinkt sich ja zu Tode«, wandte der oder jener ein. Schwänzel zog seine pfiffigste Miene, sah aus, wie einer, der nicht ganz weiß, ob er sprechen kann. Bisweilen ging er doch so weit, zu erklären, dass für einen Säufer kein Glück möglich sei, als eben das Trinken. – Besserungsversuche? – Etwa gar Internierung? Für den Trinker sei das Ergebnis nichts als Qual und sobald er wieder aus dem Zwang heraustrete, stürze er mit doppelter Wucht zurück. Und nicht nur die Fähigkeit zu ändern, gehe einem ab: wer hätte überhaupt das Recht, in innere Angelegenheiten eines andern einzugreifen? Solange vom eigenen Innern aus keine Änderung geschehe, sei die einzige Hilfeleistung, das Trinken zu ermöglichen. Übrigens liege hier der Fall eines Künstlers vor, der zur Ermöglichung seiner Produktion des Alkohols bedürfe. Man könne gar nicht von einem gewöhnlichen Saufen reden. Diesem Mann komme es nur auf eines, auf seine Kunst an, wann und wie er selber dabei zu Grunde gehe, sei diesem Mann ganz gleichgültig. – Dann versäumte er nicht, auch noch beiläufig auf die hohe Bedeutung dieser Kunst hinzuweisen; er könnte Bilder zeigen, die Staunen erwecken müssten … Aber die Zeit werde noch kommen.

Gar nicht so redet zur selben Zeit ein anderer Mann. O, ich möchte nur leben, gib mir das Grüne, vor dessen Mangel ich ersticke! Ich möchte nur leben wie all die andern auch, nur leben wie ein kleines Tier, an der fernsten Ecke eines Landstücks. Was tun und sagen alle andern Menschen? Alle andern schlagen auf ihn los. Die einen würden sagen: internieren, die andern: ihn im Saufen unterstützen, er braucht es zu seiner Produktion! Er möchte nur leben wie der Kleinste, alles, was er tut, sind Mittel dazu, er geht einen absonderlichen Weg. Er lässt das Trinken! Unermesslich ist seine Sehnsucht geworden nach einer Frau. Er nährt diese Sehnsucht nicht mehr, wie in vergangener Zeit, er befasst sich nicht mehr mit ihr, wenn er allein ist, denn dann wirft er alles zusammen zu einer wilden, felsigen Aktivität oder Bewusstseinslosigkeit: Das eben ist ja die Beruflichkeit, die er erreicht hat, die Sicherung vor der Zerrüttung seines Geistes – auf Kosten seines Körpers. Wenn er allein ist, wirft er jede Regung, jedes Gefühl gleich zusammen mit den andern Gefühlen im brodelnden Kessel, mit dem Lavastrom, der verzehrenden Einheit, zu der alle Pulse seines Daseins geworden sind: Aber wenn er umhergeht, schauen und schauen seine Augen; und plötzlich hat er wieder ein Mädchen gesehn, auf dem sich die Brandstrahlen konzentrieren: Sie, die Auserwählte, das Mädchen, das ihn retten kann, ist wieder hier! Sie ist es nicht, natürlich nicht, denkt er, aus tausend Gründen ist sie es nicht, aber wer weiß, ob nicht *vielleicht* …? Er stürzt nicht weiter hinein in Erinnerungen und Phantasien, Fels sperrt dort den Weg, Fels aus dem Gebirge, das ihn rettet. Der Fels hindert, Pfade zu gehen, die er früher ging, Pfade, die in immer wirreres und dunkleres Reich, in

Dämonien führen, die Auflösung brächten –: alles wirft er jetzt hinein ins Nahe, in die brutale Form der Gegenwart, ins Harte, Felsige, Einmalige. Kraftausbruch: Ach, riesige Ermattung hält ihn zurück, Wege zu gehn, die scheinbar weniger Kraft bedeuteten! Warten kann er nicht, aber er fürchtet sich vor keinen Entscheidungen mehr. Er fiebert. – Er hat das Mädchen gesehn und jetzt trinkt er, wie man eine rasche und hastige Arbeit tut, ohne auf die Umstehenden zu achten. Warten? dann kommt er zu gar nichts. Er muss hinaus, handeln, immer jetzt. Sehr gering ist seine Hoffnung, zu heruntergekommen sieht er aus; wenn er mehr besäße, würde er zu mehr kommen; je länger es her ist, seit er ein Mädchen hatte, je unmöglicher wird es, eines zu erlangen. Aber zu viele Feuer brennen in ihm; sie verzaubern alles, können alles möglich machen. Nüchtern wagte er sich nicht hinzu, jetzt, voll von Lichtern und lohenden Flammen, geht er hin, grüßt einen Bekannten, der sich in der Gesellschaft befindet, setzt sich hin, redet. Und das Mädchen hört zu. Es vergeht eine Stunde oder eine halbe Stunde, und das Mädchen, mit denen, die es schon vorher begleiteten, geht weg, nach knappem Abschied. Was für ein Resultat, was für Hoffnungen? Wer wüsste etwas von Hoffnungen! Alles ist wie vordem. Er trinkt. Feuer zischt, er will zerspringen. Er soll auch zerspringen, heute noch! Er trinkt. Er trinkt. Man wirft ihn hinaus, er stürzt, er fällt, die Polizei nimmt ihn – […] da, mit stählerner Hand, über zitternden Schmerzen, die ihm schon nicht mehr gehören, kratzt er, schafft er noch etwas: dem jemand nachfragen wird, nach dem jemand wird kommen, das man brauchen kann. Auch an diesem Tage rührt er eine Arbeit an; er macht ein paar grelle und brennende Details. Er hat nichts zu essen, er hat kein Geld, er spürt den Hunger nicht mehr, trotzdem er ihn wahrnimmt: er wirft ihn weg wie eine leere Streichholzschachtel, wie er die vielen andern Dinge weggeworfen hat. Ja, wenn er etwas essen würde, das könnte jetzt seine Fassung durchbrechen, geradezu stören. Schwänzel wird er nicht sehn, es sei denn durch Zufall spät nachts, jedenfalls nicht vor vielen Stunden; aber er wird die Zeit überdauern; mehr und mehr hat er umgebaut. Da ist es jetzt so kühl und still im Zimmer, er wird die Hände bewegen zur Arbeit, dann wird es langsam wolkig, die Sinne verschwinden langsam, er wird sich aufs Bett fallen lassen.

So geschieht es. Dann, wie es dunkelt, kann er nicht weiterschlafen und mit dem Minimum von Kraft, wie er es gelernt hat, den Körper schonend, erscheint er wieder zwischen den ewigen Hütten. In jenem kurzen Stück breiten Boulevards, wo die fünf Cafés, zwei ganzzählende und drei neuere, halbzählende, sich gegenüberliegen. Erst geht er dreimal langsam vor dem Café D hin und her (als ob er eine bestimmte Person erwarte), grüßt ein paar alltägliche Figuren, die ihm nichts zu sagen haben. Dann tritt er zum erstenmal ins Café ein, langsam, dürr, scheinbar auf nichts achtend. Er richtet sich ein für ein Wandeln von langem Atem; Schwänzel hat ihm gestern volle vierzig Fränklein gegeben, sie verschwanden mit der Mädchengeschichte in der Nacht; sie hätten von heute an noch einen Tag reichen sollen. Auf Entlehnen zählt er nicht mehr; wenn es am ärgsten ging, tagelang, konnte er kein Fränklein auftreiben (besonders dann, wenn es am ärgsten ging, war nichts zu erhalten). Er geht aus dem Café D wieder hinaus, brummt nur, wenn er jemanden sieht, so ist es am praktischsten, er mag jetzt nicht reden. Da ist die Terrasse, sie ist voll, zehn Uhr abends, es ist noch nicht Sommer. Vielleicht ein paar hundert Personen sitzen da. Plötzlich erblickt er das Mädchen von gestern nacht, sie sitzt wieder mit denselben Menschen, von denen er einen so halb kennt, den andern erst, seit er ihn mit ihr sieht. Er erblickt sie und empfindet, dass die Sache doch nicht so unelektrisch und mit einmal erledigt war, wie es gestern schien. Um alles wäre er jetzt nicht in die Nähe gegangen, aus seinem deprimierten Zustand hätte er sich nicht oder nur zu Grobheiten oder Lärm aufraffen können, er kennt solche Fälle: ihm wäre mit Abneigung oder offener Abweisung geantwortet worden. Jetzt wagt er das nicht auf sich zu nehmen, er schickt sich also an, in weitem Bogen wegzugehn. In wenigen Sekunden ist er munterer und kräftiger geworden, die Nerven sind wieder in Spannung getreten. Im letzten Moment gewahrt er, schon fast weggewendet, dass das Mädchen ihn auch gesehen hat, lachend wendet sie sich einem der Begleiter zu, etwa ihn auf den Besoffenen, diese miese Figur aufmerksam zu machen – das ist genug. Jetzt zittern alle Nerven, spannt sich alles an ihm. In weiten Schwüngen entfernt er sich, erst Atem zu holen, Besinnung, nur sich entfernen heißt es jetzt. Es heißt überhaupt, sich entfernen, merkt er dann. Ja, nur eins, nur nicht hinzugehn, dort hat er nichts zu tun. Mörder, Mörder, Mörder! Dass der Blitz einschlage! – Die Sinne beben ihm. – Er sieht keine klaren Gedanken, nur eine entschiedene, entschlossene Einstellung. Ja, die lachen noch, die verwenden ihn als Unterhaltungsmittel, nicht nur, dass sie ihn abweisen. Gut. Das tönt wie Grabesstimme und wie Stein in ihm. – Natürlich, er kann zugrundegehn. – Wie Stacheln in der Geschwindigkeit von Strahlen schießen die Worte in ihm. – Und::: was anderes, als zugrundegehn? Schließlich ist die Sache gesetzlich. Nichts anderes, als was er schon längst als Klarheit vor sich gestellt hat. Noch zwei Monate, noch zwei Jahre. Dann ist einer weniger hier. Einer, der manche geärgert und noch viel mehr andere gefreut hat; sie werden sich seiner erinnern, noch viele Male mit Lachen an ihn zurückdenken. Er aber soll über sich auch lachen; soviel Recht wie diese andern, die seinetwegen nichts erdulden, hat er auch. Mord und Satan! Gestern abend aß er zwar etwas, gleich als er diese vier blauen Scheine bekommen hatte, aber das war gestern abend; heute ist es wieder zehn Uhr nachts. – Und so geht es immer. Wird es natürlich nicht zu lange mehr gehen. Er kann beschleunigen, dann dauert es nur noch Wochen. Natürlich, natürlich. – Er ist auf einmal wieder zum Lächeln ruhig geworden. – Die andern, schließlich, haben nichts besonders Böses gegen ihn im Sinne. Immerhin, diese Weiber, die ihn nicht nur wegweisen, die auch noch lachen – – – Jetzt schreitet der Mann schon wieder ins Café D hinein, durch die andre Tür, wo ihn jene Leute nicht sehn. Er weiß da drin Personen, die Geld haben; er hat sie vorher schon gesehen, aber der Zustand ist geändert; er tritt hinzu, grüßend, fest, sicher, geformt; er hat ein ungeheures Muss, das auch die Mittel gibt. Und er bittet nicht um zwei Fränklein, er spricht von zehn; er spricht nüchtern, sachlich, jede Allusion ans Trinken unmöglich machend; er spricht, ohne in Worten daran zu rühren, als jener Künstler, der ernst ist, von dem auch diese Leute schon vernommen haben müssen; seit gestern abend hat er nicht gegessen; sie können sicher sein, dass Schwänzel zurückzahlen wird, er wird ihm die Sache auseinandersetzen; außerdem kann er es von dem, was Schwänzel ihm ohnehin schuldet, erheben: es ist ein Notfall. [...]

Abe

Sch.

de.S

noch

mal

voll

tes

fühl

sich

Anst

wird

sen

heri

zwei

jetz

kann

tig

Kuns

serd

ande

glei

naht

sehe

nich

le,e

erzä

imme

zen

r
ga
da
ke
ber
Man
nie
er l
D si
ren
gehn
mal!'
dann
der
der
ben,

mit d
ner le
dort h
fürchte
wieder,
ungehe
- - D
ganz
nun
müs
tr
m

a
l

Nach Hause: nein! Ja, wenn er zu einem *Menschen* gehen könnte. Sich hinstrecken, sprechen und reden! Und zuhören, den andren hören und sehen! Oder wenn es gar jemand wäre, an den man sich schmiegt – das Unendliche! – Aber weiter, einen Ruck weiter, das ist von früher. Auch das Mädchen von gestern abend, jenes wunderbare Tier, ist schon von früher. Es ist alles schon von früher, die vergangene Stunde, jede Minute; und das Spätere ist noch nicht. Wer fragt denn nach Dingen? Er hat genügend erkannt, dass keiner nach diesen vergangenen und kommenden Stunden seines Lebens fragt: aber dass man in *einem* Momente die ganze Ewigkeit spüre, das ist etwas, wonach er noch fragen kann! Etwas, nach dem auch die andern fragen müssen. Etwas, spürt er, das jederzeit mit unerhört vielen andern verbindet. – Endlich kann er noch von jemand was zu trinken bekommen; er wählt Pernod, was das scheußlichste Gift ist, seit Jahren hat er's verurteilt, nur in gefährlichsten Stunden angerührt; heute nimmt er's, weil es am meisten Alkoholwirkung tut zu geringem Preis. – Gegen fünf Uhr kommt er ins elende Café K, wo fast nur Huren und Bettler verkehren, seine Pinsel und eine Leinwand versetzen, die er schnell wie ein Pfeil in seinem Haus geholt hat (er hat sein Hôtel von Montrouge gegen eines in der Stadt, nahe Montparnasse, vertauscht). Gegen sieben Uhr schlägt er irgendwo mit dem Kopf an etwas an, aber er merkt es nur halb. Ein Wunder, dass die Polizei ihn nicht fasst! Gegen Mittag erwacht er, doch zu Hause – aber auf dem Fußboden; fürchterlich gekotzt ist um ihn her. Der Körper ist noch um einen Hauch dünner; das Wetter ist heiß und strahlend; dann steht er auf zu höherer, unermesslicher Ekstase.

Das ist kein irdisch Licht mehr, er spürt es; es ist nur umso größer. Es ist dem irdischen Licht nicht feindlich, es fasst sie, alle Erdenlichter, in sich. Die Stunde wird kurz sein, das weiß er. Dann wird das Körperelend alles ins Schweigen drücken; und erst spät am Abend wird er wieder aufschauen können. Was soll er mit der unerhörten Stunde machen? Ausgehn, zu Leuten reden? Wenn nur jemand zu finden sein wird! – Übrigens wird Schwänzel kommen. Da ist er schon, er tritt ein. Seine kleinen und trockenen Augen überblicken die Lage; zwei Erkundigungen noch, dann ist er ganz im klaren. »Male!« Der andere schwankt ein wenig; auf einmal braust er hoch auf; er will jetzt reden, wandeln, er hat schon alles, mehr als alles Gemalte, er braucht nichts mehr! – Im allgemeinen hat er zwar immer gerne angenommen, dass Schwänzel ihn zum Malen treibt. Sein Zorn gegen Schwänzel ist nicht ganz echt, aber er will offenbar etwas anderes in ihm fassen. Schwänzel lässt sich scheinbar keinen Centimeter breit abdrängen. »Wer hat was davon, was hast du davon, wenn du redest?« – »Was habe ich davon, wer hat was davon, wenn ich male?« – »Du hast deine Bilder, die Welt hat deine Bilder.« – »Ich habe meine Bilder nicht! Was sind mir meine Bilder! Das nur, das sind – – –« Schwänzel ist scheinbar abgedrängt, irgendwo ein Centimeterchen – nicht mehr, nur ein Centimeterchen; er sagt nichts davon, aber man könnte es merken. Der andere aber, der vor ihm steht, weinte fast, als er die letzten Worte sagte: »Das nur – – –«, aber es war kein Mitleidsweinen, in ihm war in diesem Momente sicherlich nicht eine Spur von Mitleid mit ihm selber. – Schwänzel zog sich daraufhin sachlich und still zu allerlei Bemerkungen über einzelne Bilder zurück. »Geh« sagt auf einmal der andere, »es ist in Ordnung, ich habe noch was zu tun«, felsig und gesetzt redet er, wie von riesenhafter Reise zurück, aber noch von der Reise geweitet. Er sucht sein Material – aber fast alles fehlt. Das gibt einen Rückschlag. »Im Café K«, sagt er zu Schwänzel. Der stößt einen gelassenen Fluch aus. Dann schickt er sich an, die Gegenstände holen zu gehn. »Doch nein« besinnt er sich unter der Türe, »jetzt ist es fast zwei Uhr – –«, dann beginnt er tüchtig mit Fluchen loszuziehn: »– – dass du immer dein Malzeug versetzen musst! Immer sage ich dir, doch *das* zu unterlassen! Versetze deinen Mantel, meinetwegen!« (Den Mantel nehmen die Leute nicht an, weil kein Schwänzel ihn zurückholt.) Der andere hört und wartet in vollständig klarer Apathie. »Hier sind zehn Fränklein, fährt Schwänzel fort, iss damit, ich kann nicht mehr geben. Es ist mir beim besten Willen nicht mehr möglich, dein Zeug abzuholen. Kannst du nicht zeichnen?« – »Nein.« Unter der Tür wartet Schwänzel noch und hat wirkliche Sorgen um die Stirn und Augen. Er überblickt wie von innen, viel stärker, nochmals die Figur des Malers, das Zimmer. »Doch«, sagt er dann, »wir müssen das holen. – Das ist das Wichtigste.« Den letzten Satz sagt er fast für sich. – »Du allein würdest ja das Zeug doch nicht holen«, sagt er unterwegs. »Doch«, antwortet der andere, der mühsam mitgeht, »jetzt schon. In der Nacht musste ich das Geld haben, ich erinnere mich noch, es war unbedingt nötig, ich konnte sonst nicht leben bleiben.« – »Zehn Fränklein, wieder wie immer?« – »Zehn.« – »Gut, hier sind die zehn, ich lasse dich allein gehn. Du wirst es aber gewiss tun und gleich nach Hause zurückkehren, du versprichst es mir?« – »Ja.« – So geschieht es. Wie er ins Hôtel eintritt, wird er vom Kellner nicht gegrüßt, dann erscheint der Patron und schnauzt ihn hart an. Jetzt erst erinnert er sich, dass er das Zimmer in dem scheußlichen Zustand verlassen hat. Sie könnten keinen solchen Mieter brauchen, er solle seinetwegen in einem Schweinestall wohnen gehn. Eine Nacht ärger besoffen als die andere! u. s. w. – »O gewiss«, sagt er zu den Leuten und lächelt. – Alles zerbröckelt um ihn. [...]

Fr
Di
si
ar

g
e
n
g
si
is
Kör
ein
kann
wend
dann
und
keit.
herein
fen;da
wo vers
wieder,k
mand ist
Minuten be
Maler mit F
er hat auch
auch melanchol
nicht.Er kann z
cholisch.Sein Na

g
fl
zu
nu
bei
ein
sch
nem d
ganz v
sich kau
Händler
sie sich a
Jammer, diese
innere Kampf ge
so /ein gutes Ertrag
von der Kraftleistung: U
getreten ist, so rächt sich d
Aufschwung des Wesens ermöglicht
Organismus hat die Disziplin gelernt,
de Konzentration zu verzichten - sich häng
doch in jedem Falle anders nach den grossen Beso

Plötzlich brächt er mit dem Bilderhändler. Es geschien
einem Tag auf den andern. Einer der üblichen Dispute, in denen Schwänzel immer seine Gleichgültigkeit gegenüber der Fortdauer der Verbindung betont hat, wird benützt; aber dieser Disput geschah eben zu der Zeit, da jener einst unternommene Versuch bei dem Verwandten, der früher die Gelder verwaltet hat, ein Versuch, von den Verwandten geschenkweise oder leihweise eine kleine Summe zu bekommen, Frucht getragen hat. Nicht ein einziger Brief nur

Plötzlich bricht er mit dem Bilderhändler. Es geschieht von einem Tag auf den andern. Einer der üblichen Dispute, in denen Schwänzel immer seine Gleichgültigkeit gegenüber der Fortdauer der Verbindung betont hat, wird benützt; aber dieser Disput geschah eben zu der Zeit, da jener einst unternommene Versuch bei dem Verwandten, der früher die Gelder verwaltet hat, ein Versuch, von den Verwandten geschenkweise oder leihweise eine kleine Summe zu bekommen, Frucht getragen hat. Nicht ein einziger Brief [...]

d
di
set
stre
Abbruc
von Di
letzte G

[...] einmal die Getränke, das Lohn und Ruhe Bringende, in größerer Freiheit rauschen; Aussichten auf Änderung der Lage gab es nicht; und ob das Ende der kurzen Atempause etwas näher oder ferner sei, zählte gering. Das Neubeginnen der Aussichtslosigkeit, des Stehens in eisiger, lähmender Wüste, schafft weniger Schreck, als Wut und Ermattung. Um Schreck aus der Ferne zu erzeugen, dazu haben die kommenden Tage zu wenig Unbekanntes mehr. – Und wieder kommen die Abende, geht und kommt er vor dem Café D, erfüllt von dem Jammer der Geldlosigkeit, der ihn von einem Weg und dem andern Weg abhält. Da stellt sich Schwänzel wieder ein, erklärt sich mit trockener Freundlichkeit bereit, die Beziehung unter den gleichen Bedingungen wieder aufzunehmen. Er wird wieder alle Bilder bekommen und täglich etwas Geld geben; aber arbeiten, arbeiten muss der Mann! – Soweit ist alles gut. Er soll arbeiten und kann so wenig zufrieden sein, wie ein verlorenes Schaf, das im Regen über die Heide gejagt wird und seine Herde nicht mehr findet. Er befindet sich im Montparnasse und es geht so wie immer hier. Bald wird vielleicht ein Schluss des Jammers einen Aufschwung bringen, dann ist der Tag wieder erfüllt; so geht es immer hier, hier kennt man keine Jahreszeiten – dass im höchsten Sommer während weniger Wochen der Strom etwas versiegt ist, achtet man kaum in der Tiefe der Nächte; auch im versiegten Strom blieben Tümpel, in denen es wimmelt von Fischlein; so sammeln sich immer noch einige hier in tiefer Nacht – die große Orgel erbraust, auf- und abschwellend nur mit den Zeiten vierundzwanzigstündigen Tages.

Einigen, den meisten, ist die Orgel unhörbar, andere schwingen in verschiedenen Gradierungen mit, nicht alle hören die Orgel gleich. Manchmal, in sehr großen Nächten, singt einer ganz unerhörte Gesänge mit, die kein Außenstehender begreifen kann. Auch dann noch gehen die Gesänge mit, wenn er in den Keller hinuntergestiegen ist, in jene Abteilung, dahin man nach so und so viel Bier immer wieder gehen muss: wieder einmal tritt er hinzu, wo in weiten, hohen Porzellanschalen Wasser fließt; er redet, er sucht zu reden; da erbraust der Raum (als ob ein anderer seine Stimme erhoben hätte): die automatische Spülung beginnt, viele tausend Mal ging diese Spülung, während er sich hier befand, aber heute spürt er erst, dass es ewige Katarakte sind, groß wie der Niagara und viele Fälle – wie der Sambesi im Innern Afrikas; sie werden fallen, die Wasser, und alles überdauern, ihn, das ganze Personal sogar, das ganze Café; sie stürzen aus der Ewigkeit, sie werden immer noch und noch stürzen, und sie alle wegschwemmen; ihr Brausen ist gut, konstatiert er auf einmal sehr nüchtern, und auch demütig; ihr Brausen ist schön; er redet zu einem, irgendeinem sagt er das, der da ist, jetzt war es eben ein Kellner, der mit geringschätzendem Gesicht wieder wegging, nachdem er sorgsam hingeschaut, ob der da schon kotze, ob er noch stehen kann. Dann ist wieder ein anderer da, der elastisch die Treppe heruntersprang, ein hochgewachsener schlanker Mann aus England oder Amerika, sehr jung; auch er bekommt zu hören von den ewigen Katarakten; die etwas stiller gewordene Stimme verstärkt ihren Ton jetzt, da sie sich wieder gehört fühlt, von neuem. Der Jüngling – er sieht übrigens unangenehm reich aus für den andern, der eher Abneigung hat gegen solche Leute; aber nein, er redet, er hört zu – er spricht in mühsamem Französisch, er hat auf das zu hören gesucht, was der andre ihm sagte, aber er geht nicht darauf ein: Ich weiß, was ich darf, sagt er. – »Ich habe genug gelitten, und wozu ich gelangt bin, da bin ich; niemand anderer kann was dazusetzen; ich weiß, was ich darf; [...]«

cher g

gelitt

angetr

Innere

Sympat

Mann r

er,sich

will obe

Engländer

hinauf,abe

sinnt er d

am nächsten

diese Gestalt

so schweres neu

um sexuelle Erfahr

schweifen die Sinne

sich da manche Dinge

rige;anderseits schweif

ses Jünglings,dem er gern

reneren,helfend trösten [illegible] lockend,
flimmernd vor den Augen so eines Jünglings liegen,der herkam,
seine Verzweiflung zu ertränken;Geld fehlt ihm nicht;drüben glänzen die Mädels,im Café K , schon früh am Abend;hierhin kommen sie erst herüber zu so später Stunde. - Ihn locken sie nicht mehr die Huren;er würde auch nicht mehr das Glas zerbrechen,das er einst zerbrochen hat;er hat gelernt,dass niemand seelisch erstorbener ist,als die Huren. Eine,ja,hat er einmal gekannt,sie soff gewaltig,die wirklich kameradschaftlich eingestellt sein konnte,Betty,sie ist jetzt im Irrenhaus;und auch sie hat sich

[...] flimmernd vor den Augen so eines Jünglings liegen, der herkam, seine Verzweiflung zu ertränken; Geld fehlt ihm nicht; drüben glänzen die Mädel, im Café K, schon früh am Abend; hierhin kommen sie erst herüber zu so später Stunde. – Ihn locken sie nicht mehr die Huren; er würde auch nicht mehr das Glas zerbrechen, das er einst zerbrochen hat; er hat gelernt, dass niemand seelisch erstorbener ist, als die Huren. Eine, ja, hat er einmal gekannt, sie soff gewaltig, die wirklich kameradschaftlich eingestellt sein konnte, Betty, sie ist jetzt im Irrenhaus [...]

[…] einer da, der schon zu Freunden zählte: wo ging er hin, wo verschwand er? Es kann doch keiner kommen; Gelassenheit sinkt auf ihn: für andere ist es auch so. Er denkt an andere; auch für sie kann keiner kommen. Und weil doch keiner kommt und keiner kommen kann: so muss *alles da sein!* Das ist eine Vergewaltigung der Dinge; aber eine wahre; Glanz strahlt aus ihr. Und in einer Nacht unter diesen unklaren und besoffenen Nächten, da spüre ich, dass ich sehr klar bin. Alles – – – – –

Durch Wolkenritzen blickt er auf ein herrliches Land: seine Pläne. Ja, sie wurden vereitelt, sie werden vereitelt werden, die meisten. Aber alle sind doch irgendwie beisammen; es kann nicht so gewordene geben und anders gewordene; sie waren zuviel eins: Irgendwo sind sie alle und irgendwie haben sie alle *ein* Schicksal. Alle. Denn sie sind *eine* Sache. Es lebten und waren alle; es gibt kein Vergehen mehr.

In der Nacht erscheint Schwänzel wieder einmal im Montparnasse, er gibt Geld, er spricht, trinkt etwas und ist guter Dinge. Ein paar andere Menschen sitzen dabei. Schwänzel spricht sehr viel von seinen Bildern, weiß etwas Wärme zu erzeugen für den irrenden Mann; etwas Bewunderung, möge sie auch lächerlich sein, umgibt ihn. Er ist wieder einmal in die Position eines Künstlers gedrängt und befindet sich wie auf einer Klinge, unentschieden, nach welcher Seite er fallen soll, nach innen oder nach außen. – Man trinkt, die Nacht schreitet vor, er hält, während Schwänzel lacht, immer ausschweifendere Reden. In später Stunde ist er allein. Er hat Geld, morgen wird er essen und arbeiten, wenn das Arbeiten möglich ist. Er ist still in sich gekehrt, sehr gespannt und ernst. Die Leute sind weg, die ihn gelobt haben; in dieser Stunde kann er einen ernsteren Geist fragen, ob er ihn lobt; er ist allein. Ja, er spürt eine Gewissheit über die Bedeutung seiner Dinge, eine andere als durch Vergleichen und Berechnen entstandene; er fragt nicht, ihm dämmert es vom Offenbarenden, der vollen Wucht seiner Ausführungen, die er bejaht; von der ungeheuren Sicherheit; und vom Preis des Weges zur ewigen Stadt. Mit müdem Auge, aber auch mit wissendem Lächeln blickt er zurück auf jene harte und nüchterne Zeit der Metaphysik, aus dieser jetzigen Zeit, da alles Gefühl geworden ist, Alltag und Wirklichkeit. Es gibt zwei Arten von Künstlern (die etwas können); die einen davon, die ganz seltenen, – – –; die andern glatt, sammelnd, verbessernd, aufbauend; die ersten erschüttern vielleicht einmal und sind die Ecksteine. Es ist kein Größenwahn mehr in ihm bei diesen Vergleichen; er trägt schon; ihn erwartet kein Lohn mehr in den Wolken. – Und die sanfte Gewissheit, trotz alledem, trotz allen Plänen, die unerfüllbar entschwinden, dass ja doch schon – – –.

Ja, keiner kommt, kein Warten gilt. Was habe ich denn noch? Malerei: *da ist* Liebe. – Und die Sehnsucht, dass nur *da* nichts hindere. Ach, es fehlen ja auch dazu so sehr alle erfüllten Bedingungen. Und dann in anderm Moment der kühle Balsam der Gewissheit, das Bewusstwerden, dass ja doch schon, trotz allem schon, mancherlei gemacht ist – – –

Einmal gelang ihm ein privater Bilderverkauf, er besaß tausend Fränklein. Einmal malte er fast zwei Wochen lang mit andauerndem Eifer beinahe ohne Getränk. Er malt die Treppe seines Hôtels, viele viele Male, so, dass sie immer älter und älter aussieht; und er malt sie noch viele Male: da wird sie wieder neuer und neuer. Aber auch das Geld konnte nicht viel ändern: es endet im Kurzschluss, Schwänzel, der hätte reklamieren können, reklamiert nicht, aber er wacht und ist, weil er *täglich* Geld gibt, wieder Meister, stärker als zuvor. Tausend Fränklein – er hat Schulden bezahlt, das Zimmer bezahlt und ein Kleidungsstück gekauft – reichten nur ein paar Tage. – Die Arbeit in den fast zwei Wochen, da er sie mit verbittertem Mute trieb, war nur Arbeit. Als er wieder trank, überblickte er sie erst und sah, dass nichts Dauerndes an ihr war. Gerade in den folgenden schlimmsten Tagen stiegen ihm in wenigen Momenten die erlösenden Lichter auf; sodass jene Treppe erst zu einer Treppe wird, über welche viele gestiegen sind …; da begriff er, dass es ohne diese Steigerung nicht ginge. Zu weit war er schon von allem Landzustand entfernt; jetzt, in erschütternden Tagen, tat er wieder Rücke am Werk.

Wohl wirkte immer wieder einmal der Wille in ihm, ganz neu zu beginnen, das ganze Leben zusammenzuraffen, sich hochzuarbeiten durch eine andere Konzentration – wäre es ein Mädchen: das gibt es nicht – aufs Land, in die Stille, fern von allem hier: das gibt es nicht; jeder derartige Versuch lässt ihn in verstärktes früheres Rauschen zurückfallen.

Hier kennt man nicht die Jahre und nicht die Jahreszeiten, die große Orgel erbraust, spät und früh, auf- und abschwellend nur mit den verschiedenen Stunden des Tages. Das Elend nimmt überhand. Da wird ein Besoffener herausgeworfen, auf die Erde geschlagen, dort einer auf den Posten geschleppt, das Ganze aber ist fröhlich, reißend, brausend, verschwenderisch: niemand zählt, auf wessen Kosten die Verschwendung geschieht. Außen braust die Orgel, aber innen steht der harte und nüchterne Apparat der Geschäftemacher – ganz undionysischer Leute. Jetzt kommt dieser wieder, dieser ewige Säufer, einige sagen, er sei ein Maler, auch, ein guter Maler, die meisten, die hier häufiger verkehren, kennen ihn schon, unzählige hat er selber beschimpft, andern ist er Geld schuldig, aber die allermeisten amüsierten sich über ihn. Und wieder ist er besoffen, er fällt sogar ins Café herein, sodass die Kellner eilig herbeispringen. Mit der Einstellung des Personals ist übrigens eine Änderung vorgegangen, nach und nach; man weiß nicht, wieso, sie wagen ihn nicht mehr als einen gewöhnlichen Hergekommenen, oder als eine Art Bettler zu betrachten. Als ob ihnen jemand langsam, heimlich, sicher etwas zugeflüstert hätte. Vielleicht ist es der Mann selber gewesen, dann, als er zu Steinen geredet hätte, Dinge, von denen er nachher nichts mehr wusste. Vielleicht wüsste Schwänzel Bescheid. – Heute fällt er ins Café herein, morgen erscheint er in brausende Rede gehüllt schon Mitte Nachmittags – nachdem er Glas gemalt hat, zwei umgestülpte Fußgläser, eine Flasche mit der Aufschrift »Cognac« in der Mitte: die Gläser stehn vor einem Spiegel, der die dunkle Wand seines Zimmers, mit parallelen Streifen, zeigt. Vorüber ist die Zeit, da er Kathedralen malte, seine Staffelei hinunter vor das Notre-Dame trug! Die Kathedralen haben sich aufgerichtet in ihm, nun müssen sie in kleineren Dingen vor seinen Augen wiedererscheinen. – Der Gérant mit zwei Kellnern muss ihn unwiderstehlich, wenn auch nicht allzu grob, hinausweisen, dann stoßen. Man denkt, er schläft jetzt, aber in der Abenddämmerung ist er wieder da, und weil er nur zur Bar tritt, zudem in Gesellschaft zweier anderer, lässt man ihn; sein Lärm ist übrigens nicht allzu arg; nur hie und da stößt er einen gewaltigen Schrei aus, an finstere Springbrunnen erinnernd. Er hat noch ein Mädchen gesehn in später Nacht; immer kehrt er wieder dahin zurück, wo sie sitzt; schließlich ist sie nicht mehr da, dann trinkt er noch mehr. Schwänzel hat ihn, wie schon ein und ein andermal, wieder nach Hause gebracht, er arbeitet weiter am nächsten Tag. Dann kann er wieder nicht mehr arbeiten und zugleich fasst ihn Skepsis gegen ihn selbst, die ihn einen grauenhaften Blick in allgemeine Leere tun lässt: wäre er am Ende nur einer, ein Vereinzelter, bedeutungslos für die andern, für die Welt? Das Grauen ist groß und leer, so leer, dass kein Mensch länger verweilen könnte an diesem Orte; wenn dann aber die Gegenstimme aus dem tiefsten Unten erdröhnt, dünn hervordringend, spiralenförmig, aus den endlosen, schuttigen Schichten unseres Daseins, die tiefste Überzeugung, die Kenntnis, das Wissen, dann ist er in der letzten Ekstase:

zu Unrecht nannten sie diese Maler die Bezeuger des Vereinzelten. Wo du einen Abgrund in dir aufrissest, wo du eine große Wiederkehr fandest, da bist du kein Vereinzelter; nur drückt sich deine Beziehung zum Ganzen durch keine äußeren Quantitäten aus, ist nicht zählbar in der Nähe. – Nur die nicht Sprechenden können vereinzelt sein; die sich im Zorn Bergenden oder in anderm Abbiegen; die gerade Redenden reden von tausend andern: Es ist keiner so allein, dass er allein wäre. – Aber was kostet uns das Reden, das katastrophale Durchbrechen, das Zurückverlangen; dieses Lodern; das Feuer muss auf Kosten von etwas geschehn; der Mann paradierte vor allen Arten von Todesangst: Soll es aber auf eine so langweilige Art, in dauerndem Siechen, in Tuberkulose geschehn? Oftmals ruhte hier seine Angst: aber wie passt das zu ihm, geschieht bei ihm nicht alles viel plötzlicher? Wenn er mit erhobenen Armen vom Trottoir weg in das Getümmel der Automobile stürzte, schwankender, schreiender, singender, als ein Haufen stürzender Stämme, eine Affenherde, ein von den Zufälligkeiten der fernsten Erde, die durch den Wind ankommen, bewegter Gummimann: »Helft, o Gott!« schrie da wohl einer, ein Unkundiger des Viertels, der des Weges kam. »Ach, sagt der andere, und hält ihn lachend zurück, er ist ein Maler, er ist immer so.« – – dann trinkt er noch mehr in der Nacht, arbeitet am andern Tag, Schwänzel hat ihn nach Hause gebracht, dann kann er wieder nicht mehr arbeiten: und geht in der Stadt spazieren. Er ist nicht betrunken an diesem Tag, sogar Geld hat er in der Tasche, er wandelt und wandelt in der immer dunkler, immer magischer rauschenden Stadt. – Nachher wird es natürlich heißen, er sei in betrunkenem Zustand überfahren worden. – Aber er spürte gar kein Bedürfnis, zu trinken – wie öfters in diesen späteren Nachmittagsstunden; die Sinne sind zwar zerfahren, ja: früher gab es nur eine Art von Zerfahrenheit, jene, die ihn hilflos ließ; jetzt befindet er sich in einer Art von Zerfahrenheit, deren Steigerung, graues Gift, seltsame Gesichte Bringendes, von ihm angenommen wird wie irgendeine der merkwürdigen Ekstasen (auch der von Alkohol trunkene Zustand ist erst eine Verfassung, aus der man fliehen will, die Qual schafft). Seine eigenen Ängste, die Visionen des zersplittertsten Zustandes, das sich Öffnen der Augen für das Grauenhafteste, Furchtbarste und Größte: Alles ist nur noch ein Raum für den ewigen Weg; es gibt kein Vergehen mehr; alles sind Bilder, hier sind Bilder und größte. War es doch ein Wandeln? Er schwebte durch die Straßen! (Sollen die andern auch einen sehr unsicher gehenden Mann sehen.) Die Straße, diese Einheit von dunkel harmonischem Brausen, selten unterbrochen durch den schrillen Ruf eines Chauffeurs. Zur Stadt erweitern sich schon die einzelnen Straßen, zur Riesenstadt, zur Welt – – –! Dass er der einzelnen Schritte wieder nicht mehr sicher ist, das spürt er von selber, seine Gedanken sind schon zu sehr bei ALLEM. Die erste Alerte geschah, als er in einen fahrenden Autobus gesprungen war; der Schaffner sagte: Besetzt doch! Inzwischen fuhr der Autobus schon rasch, er stieg aus in unbekümmerter Sicherheit, trotzdem er wusste: die Fahrt ist rasch. Im ersten Moment dachte er, die Reaktion ist gering. Wie er aber mit den Füßen das Pflaster berührte und fast gestürzt wäre, erschrak er ein bisschen. Aber gleich schien ihm das nur wie eine *angewöhnte* Regung und er dachte klar: was kann mir geschehen? So war die erste Alerte; es gab keine mehr; nur noch wie ein in der Ferne erblassender Schatten erschien die Furcht hie und da. Die kleine Lenkung seines Körpers! Ein Brausen fühlte er in sich, das alles erfüllte, dasselbe Brausen, wie das der Straße, der Stadt – – – der Welt. Bis er überfahren wurde.

Er war nicht tot, er hatte nur tödliche Verletzungen. Andere kümmerten sich um ihn und taten alles. Nach der ersten Bewusstlosigkeit erwachte er im Spital, Schwänzel war schon da – wie schnell er doch auf dem Laufenden war! Er sprach mit den Ärzten, er verlangte des Patienten Überführung nach seiner eigenen Wohnung. Es sei der *berühmte* Maler … – »Unmöglich! er stirbt doch gleich«, erwiderte ein Arzt. Aber als ein Tag verging, ohne dass Veränderungen eintraten, gaben die Ärzte der erneuten Bitte des Bildhändlers nach. Ein komfortables Krankenauto war gleich da. In Schwänzels Wohnung lebte der Kranke noch zwei Tage. Freunde kamen, solche auch, die er seit langem nicht mehr gesehen hatte. Auch Persönlichkeiten von öffentlichem Ansehen, die er kaum kannte. Er war auf einmal der berühmte Maler. Die Schmerzen. Bald waren sie überwältigend, dann dachten alle an den Tod, bald waren sie scheinbar überwunden, man konnte fast an einen Spaßvogel denken, jedenfalls an die Rettung glauben. Maximal war Schwänzels Tätigkeit. Beinahe ein Markt, eine Börse gestaltete sich nicht weit vom Krankenlager. Denn viele waren erschienen, um Bilder zu kaufen, fast alle hatten große Eile. Gelder flossen. Dem Sterbenden wurde von Schwänzel eine beträchtliche Summe zur Verfügung gestellt. – Aber unter den erschienenen Freunden waren solche, die ihn lang nicht gesehn, einige seit jener trüben, alten, vergangenen, klaren und glücklichen Zeit her nicht, da alles gut ging und da er jene unüberwindliche Finsternis in sich trug und zu allem sagte: nein. Und diese Freunde sagten heute erst und sahen heute erst, dass sie das Nein verstanden. »Wirklich, Unglück, wirklich, für ihn war die Welt nicht gut.« Und darauf tönte es: »Wer seid ihr denn! Weicht von mir ihr blassen Schemen, Welt der Tierlein in Menschengestalt!« – »Das Delirium«, flüsterte der Arzt. Da traf ihn ein Blick des Sterbenden, dass er mit seiner gesamten Wissenschaft in Verwunderung sank. Und die andern, Freunde, Kunsthändler, Schwänzel, Neugierige, Berühmte, horchten erst jetzt, verstanden, dass es sich um die Beantwortung handelte, die der Sache den Ausgang geben würde, warteten auf Tod und Leben (und einige unter ihnen waren nachher überzeugt, diese Stimme noch einmal gehört zu haben, diese Stimme, in der Tod und Erde sich mischten, Liebe, Vergänglichkeit, und jenes steinerne unbesiegliche Strahlen, das mancherlei Legenden der Menschen ins Leben gerufen hatte, dass ein Mann auferstanden sei und unter ihnen geredet habe, lange nachher, als er schon verweste), als der Sterbende plötzlich sich erhob, wenige Sekunden vor seinem Tod, und so zu allen redete, dass auch kein Arzt im Zweifel sein konnte, dass dieser ein Wacher war, und als er, die ganzen Fragen in Händen haltend, mit einer Gewalt sprach, dass niemand mehr an seinen Tod glaubte, und doch nur diese Worte sagte: »Ja und ja und ja.«

ENDE

# DOKUMENTARISCHER ANHANG

## Selbstkommentare von Ludwig Hohl zu *Die seltsame Wendung*

## Gedicht von 1929, das in diesen Stoffkreis gehört

– – – und wenn es Nacht ist, düstrer Mond
– – – und wenn ich schlafe, ein verhängter Himmel,
Aus dem es immer schreit.
– – – und wenn ich wache, eine düstre Hand,
Die mir von hinten immer folgt.
Ist's Reue, Liebe, Schrecken? Weiß ich dies!
Ich nenne einfach es Erinnerung;

Die ist, wenn nicht mein Land, so doch der Strom,
Der es durchzieht. Das Land ist still;
An düstern Türmen führt
Der Strom vorbei. Des Landes Seele geht
In kleinen Bächlein überall zu ihm.

Wenn nicht mein Leben, ist es doch
Ein schwarzer Engel, der nicht spricht
Und der mir folgt und der den andern sonst
Den Tod bringt, wenn er kommt.

Wenn ich mich wende und ihn an mich ziehe
Und ihn umarme, wird er wie mein Land,
In dem jetzt Ähren blühen und die Seele wogt
Vom Meer zurück und Felder rauschen und
darüber stehn
Merkwürdige glührote Sonnen –
Die andern sagen dann nur, dass ich weine.

## Zu Seltsame Wendung (20. August 1933)

Ich habe, in Haag auf der Straße gehend, plötzlich bemerkt, dass ich eine Art Entspannung empfinden würde, wenn ein Zusammenstoß geschähe und schon lange empfunden hätte oder habe. ZB. an jenem Abend, da ich unausgeschlafen mit Lo. an die Straße ging wo in unaufhörlichem Strom die Fahrzeuge von Scheveningen heransausten wo ich ja gerade bewusst auf einen Zusammenstoß als eine Ergötzung wartete (wie auf eine Festattraktion). Heute zwar nicht darauf gewartet als auf Ergötzung, aber als auf jenes Angenehme, das in Spannungslösung besteht (ein kleiner Zusammenstoß geschah, ich hatte das Gefühl von Gerechtigkeit, ohne weiter zu untersuchen, nachdem vorher Angst empfunden). (Angst über den Verkehr; Lösung, sozusagen »Befreiung« dieser Angst durch Zusammenstoß. In diesem Sinne hat der Mann der Seltsamen Wendung sich mehr oder weniger selber hineingestürzt um ein Ende zu machen. [Ein Zustand kann unerträglicher sein als der ärgste Schluss. Die Verfassung des Mannes, die ich kenne, konnte diesen Zustand aufs fürchterlichste steigern: Orte und Stunden dazu, u. die Gefahr bestand immer; er wusste es selber. – Alles durchaus richtig])

## Von 19. Dezember 1933 stammende sehr wichtige Notiz, bedeutsam und auf S. 74 (der Fass. 2) einzufügen (Aber doch mit Vorsicht vor *zu* viel erklärender Darlegung: die wenigsten Sätze: und es genügt!)

DIE TODESURSACHE: Eine Mischung von Begeisterung (ans Rasieren erinnernd in dämonischen Nach-Tags-Zustand: Kehle durch) und jener panischen Unermesslichkeit der Angst: »Einfach hinein! Dann ist's fertig« das Ohr war zu nahe dem Brausen; der Mensch hält dieses Urwelts Chaos Brausen nicht aus; die Straße, die Stadt dürfen sich ihm nicht zur Welt, zur Ewigkeit erweitern, er muss Dinge vor sich sehn, die zu etwas gut sind, nicht den unbeschreiblichen Donner des Kosmos – dem er nun allein gegenübersteht, und weich wie ein Hirn, nur mit einer dünnen Schale bedeckt, ja, gar nicht bedeckt

*Was werden Menschen dazu sagen, die nicht da waren? Das ist vielleicht der fremdeste Ort, an dem noch Menschen sind – die in kurzem nicht mehr sein werden*

VARIANTE:
Und keiner dürfte sagen: er hat es aus Freude, oder: aus Schmerz getan! Der Mensch, der an solchem Ort steht, hält einfach diesen Ort nicht aus: Der Mensch ist jetzt da, wo es wirklich alles zu umarmen gilt, er tut einen Schritt weiter.

## Zu Seltsame Wendung, ungefähr in der Mitte (3. Mai 1934)

Es ist an dieser Stelle – und ein aufmerksamer Leser wird mir zustimmen – nötig, die sonst von uns vorgezogene Technik dieser Darstellung, die Technik also, welche so viel wie möglich zum Monolog hinstrebt, um den Blickpunkt so viel wie möglich, im Gegensatz zu jeder rein epischen Darstellung, nach *innen* zu verlegen, es ist, sage ich, an dieser Stelle nötig diese Technik einmal zu durchbrechen, um eine Wendung unseres Helden, rein von außen betrachtet anzuzeigen. Denn wir sind jetzt an dieser Stelle angelangt, wo die beiden Linien entgegengesetzten Verlaufs (um deren merkwürdigen Spieles wegen wir diese ganze Darstellung unternommen haben) die Linie des äußern und des innern Ergehens, die von oben kommende und stetig fallende also, und die von unten kommende und stetig steigende, ihren Schnittpunkt haben; und zu dieser Zeit geschah unserm Helden folgendes Gesicht – nicht ganz im Traum und nicht ganz im Wachen, mehrmals vielleicht und vielmehr in beidem, im Traum und im Wachen, aber an so versteckter Stelle seines Bewusstseins dennoch, dass er sich kaum Rechenschaft gab über die bestimmende, ja, die alles bestimmende Gewalt dieser Empfindung – dieses war die an unscheinbarster Stelle des Bewusstseins und doch so heftig, so leise und heftig wirkende Schau:

Zerbröckelnd unter ihm; teils wie aus Bergeshöhe,

teils wie aus Flugzeug schauend erblickte er die Dingwelt – wie durch so ein rechtwinkliges zu Blöcken Zerspringen einer eintrocknenden Stärkeschicht in einer Schüssel hindurch – durch so eine plötzlich gewordene Plastik in der Ebene: in der Ebene der einzigen und emailglatten Nebelschicht –, erblickte er die Dingwelt ... sah er das Zerbröckelnde, aber auch die Dingwelt zum erstenmal ... und spürte: ein *anderer* wird das alles wieder aufnehmen. *Aber der Glanz kam ihm davon, dass er doch ein Mitwirkender am Wesentlichen war.*

## Auszug aus Gespräch von Alexander J. Seiler mit Ludwig Hohl (geführt vom 21.-23. Juli 1978 in Genf)

Hohl: Ein Stück ist darunter, das mich ärgert jetzt. Das ist auch aus dieser Zeit, aus diesen ewigen Aufzeichnungen, aber das hat sich noch isoliert, schon früh, zu einer eigentlichen Erzählung, die mich nichts mehr anging, aber sehr viel von mir enthielt. Das ist etwas Verteufeltes, die letzte Fassung ist hier von 1932/33, nachher habe ich keine Fassung mehr, und ich kämpfe damit, was zu unternehmen ist, und ich komme zu keinem Resultat. Als Muschg hier war, das letzte Mal, habe ich fast nur von dem gesprochen, ich habe ihm das zu lesen gegeben, und ich hoffte auf seine Hilfe. Denn es ist furchtbar schlecht geschrieben, jedoch ist es so geschrieben in einem Wurf, es ist eigentlich ohne Abschnitt gedacht, geschrieben, sozusagen das ganze Buch, etwa 100 Seiten, und mir liegt daran, denn etwas in der Linie ist sehr wichtig, überhaupt wichtig. Und andererseits kann ich doch den früheren Stil nicht wieder aufnehmen oder es umändern, das geht überhaupt nicht, es muss doch im früheren Stil sein. Also, ich kann es nicht ausdrücken, was das für eine Schweinerei ist, und ich habe es immer noch nicht zerstört, und wenn die Feuersbrunst oder der Vandalismus, der im anderen Haus nebenan geschehen ist, wenn sie das gestohlen hätten, wenn sie das vernichtet hätten, wenn es verschwunden wäre, das wäre eine Lösung gewesen für mich. Wenn ich plötzlich mich verabschiede, ich meine einen Abgang mache, der dauernd Abgang ist, dann möchte ich nicht, dass das übrig bleibt. Es sollte ein Instrument daran sein, dass es auch stirbt, sobald der Tod eintritt, denn ich möchte nicht, dass das jemals gedruckt werde in dieser Form, weil so schreckliche Dinge darin stehen.

Und dann ist später noch hinzugekommen, dass etwas fehlt, etwas übergangen ist… Aber dieses ist der künstlerische Prozess: wie jemand Künstler wurde, wozu es keine Vorbereitungen gibt – in einem Sinne nicht. Der Übergang ist nicht geklärt, er hat immerzu sich geschunden und nichts getrunken und nichts gegessen, weil er womöglich auch kein Geld mehr hatte, und er war in Paris wie ich, und er arbeitete Tag und Nacht sozusagen an der Malerei, es war ein Maler. Und es geschah immer nichts, es entstand nichts, meine ich, es war Dreck, was er hervorbrachte, Malerei, die korrigiert wurde in den Akademien, und das nützte auch nichts, denn sie korrigieren da ein bisschen mehr braun und da ein bisschen heller und das dunkler, und da die Linie kantiger, das wäre besser, und solches Zeug. Da blieb nichts, immer nichts, bis er allmählich ins Saufen hineingeriet, und dann – nicht plötzlich, sondern allmählich geschah es, dass er in Zustände geriet, die… da war keine Vorbereitung mehr, da war es schon selber da. Er brauchte auch keine Modelle mehr, keine besondere Gegend oder so, war es eine Wand oder ein Vorhang oder ein Stuhl, das nahm alles auf, das drückte alles aus. Das ist genau so in der Malerei, wenn sie große Herren darstellten, gerade Rembrandt, und so weiter, Porträts, aber das ist nicht deswegen Rembrandt, weil er Leute porträtierte von Rang. Oder Rubens, der da Gott weiß was für gewaltige Szenerien oder andere wilde Landschaften mit fürchterlichen Dingen... Van Gogh hatte überhaupt kein Modell mehr, abgesehen davon, dass draußen die Landschaft war, hatte er sein Zimmer genommen, ein ganz miserables kleines Zimmer, und das Bild ist so großartig wie irgend etwas von ihm. Also dieser Maler, er hat es auf einmal gefunden, auf einmal glühte es, auf einmal war es da. Und es kam immer wieder, und zwar nicht gerade in besoffenem Zustand, aber nach kurzem Schlaf war es die Wirkung doch. Und er ging zugrunde, weil ... schon damals Verkehr, ein Automobil, das hat ihn ergriffen, er war noch im Spital oder im Haus, im Privathaus eines... Ein Mann, ein Kunsthändler hatte ihn schon früh erkannt, er hatte ihm schon ein schiefes Auge zugeworfen, das heißt das Auge in einer besonderen Linie, dass da etwas sein könnte, als er noch den Dreck malte. Die meisten Maler, die machen alle Dreck, nicht wahr, das ist alles nichts. DAS IST NICHTS! Man kann sagen nachher, das ist ziemlich gut, aber das ist nichts. Der Mann, ein Kunsthändler, ein beginnender Kunsthändler, der hatte aber eine ziemliche Intelligenz, der hat ihm ein bisschen geholfen, denn er hatte ihm immer ein Auge halb zugewendet, weil er es doch schon spürte, trotzdem die Bilder nichts waren. Das wusste er, wie der Maler selbst es wusste, und der hat noch immer weiter gearbeitet daran in dieser Weise, und es nützte nichts, denn er hat es nicht gefunden, was er wollte. Aber dieser Kunsthändler, der hat ihn immer unterstützt, ein bisschen unterstützt, nur ganz wenig, denn er hatte vielleicht auch nicht die Mittel, ich weiß es nicht, er ist überhaupt erfunden. Als nun dieser Durchbruch geschehen war, das geschah insgesamt doch in einer sehr kurzen Zeit, fast plötzlich, da hat er sofort Geld beschafft, denn das Geld war ihm ganz ausgegangen während seiner Zeit vorher, er war total ohne Mittel. Und dieser Kunsthändler hat ihm Mittel gegeben, immer mehr, und hat die Bilder an sich genommen. Als er dann plötzlich starb, nehmen wir an, mit fünfunddreißig oder dreißig oder so ungefähr, da hat er den Handel eröffnet. Das heißt, es kamen schon Leute, als er noch lebte, sie stritten um Preise, und er hörte es noch in seinem Nebenzimmer zwischen Ohnmachten. Jedoch das schien alles nichts zu sein, nichts zu bedeuten vor der einzigen Glut, die er immer wieder erreicht hatte in der Malerei. Rembrandt hat in der Wut seine Schüler hinausgeschmissen und gesagt, das ist alles nichts, jetzt malt einmal, das ist ja nichts … Ein Psychologe hätte erkannt, dass es nicht im Vermögen dieser Schüler stand, zu malen, weil es dazu eines anderen Elements bedarf. Nicht etwa, dass es die Regel wäre, diese Art des Weges, die hier beschrieben ist, das meine ich nicht, aber *ein* Weg ist es gewesen. Es ist der Weg von van Gogh gewesen oder von Modigliani und von anderen.

# NACHWORT

## Anna Stüssi
*Mit den Augen des Rausches*

Die Novelle *Die seltsame Wendung* ist ganz offensichtlich auf biografischem Boden gewachsen. Hohl lebte von 1924 bis 1931 mit wenigen Unterbrechungen in Paris, unter Bedingungen, die ihn immer wieder in Engpässe großer materieller und emotionaler Not brachten. Insbesondere 1929 war ein Jahr aufwühlender Krisen. Hohl steckte noch mittendrin, als er mit Entwürfen zu einer Novelle begann. In der Figur des Malers beschreibt er mit gewaltigem sprachlichem Einsatz die eigene desolate Verfassung, die Abgründe von Angst, Einsamkeit, verzweifelter Sehnsucht und den Taumel flirrender Farben und Formen, den ihm die trunkenen Zustände bescheren. Der Erzähler begleitet den alkoholsüchtigen Maler, den »Mann«, aus nächster Nähe und doch mit leiser Distanz auf seinen Irrgängen durch den Montparnasse, wo die Sinne sich verwirren und Raum und Zeit ihre Koordinaten verlieren. Der Lebensort wird zum Labyrinth, in dessen verborgener Mitte der Tod – oder die Erlösung – lauert.

Der Erzähler, gleichsam mitfiebernd in der Rolle einer Ariadne, scheint einen roten Faden bei seinem Helden zu ahnen, wenn er sich auch immer wieder im Dunkeln verliert. Dabei entsteht kein souveräner Text, sondern ein in Tiraden und Kreiseln mitstolperndes und mitfliegendes Protokoll eines Ausnahmezustands, das bisweilen im Flow sich zu herrlichen Passagen aufschwingt; ein *livre ivre* sozusagen, das den Lesenden, oder besser noch Zuhörenden, die verworrene Situation mit ungewissem Ende umso eindrücklicher fühlbar macht.

Die »seltsame Wendung« meint wohl weniger das unerhörte Ereignis des Unfalltodes am Ende des Textes als vielmehr die langwierige Spur einer inwendigen Transformation, den »ewigen Weg« des Künstlers zur Höhe seiner Möglichkeiten – und darüber hinaus.

Vielleicht ist gerade die Nähe zum eigenen Erleben und die damit verbundene Erinnerung an durchlittene Qual und Scham der Grund dafür, dass der Text nie ganz seine Form erreichte, für Jahrzehnte weggelegt und von Hohl erst kurz vor seinem Tod gewaltsam zur Unvollendung gebracht wurde – mit dem Ausriss ganzer Seiten aus dem Typoskript.

## *Hintergrund und Herkunft*

Ludwig Hohl besteigt als 20-Jähriger im Oktober 1924 in Zürich den Nachtzug nach Paris. An seiner Seite die 17-jährige Freundin Gertrud Luder. Beide haben ihren Maturitätsabschluss mutwillig aufs Spiel gesetzt. Sie haben keine Diplome, weder Adressen noch Empfehlungen in der Tasche. Allein der jugendliche Drang, die kleine Schweiz und beengende Familienverhältnisse hinter sich zu lassen, beflügelt sie. Hohl ist in einem reformierten Pfarrhaus in den Kantonen Glarus und im Thurgau aufgewachsen, Gertrud stammt aus gutbürgerlichem Elternhaus in Frauenfeld. Milieus mit wenig Sinn für die enthusiastischen Zukunftsentwürfe ihrer Kinder. Stolz tragen diese das Etikett ›Tunichtgut‹ und haben nichts anderes im Sinn, als Künstler zu werden. Dass dies im legendären Montparnasse möglich sein soll, davon hat man auch in Schweizer Kleinstädten schon gehört. Paris ist nach dem Großen Krieg wieder Treibhaus der Kunst und zugleich Inbegriff des pulsierenden, modernen, freien Lebens. Noch ist nicht absehbar, dass die wilden Zwanzigerjahre sich auf brüchigem Boden abspielen, dass politische und wirtschaftliche Krisen drohen, dass die schrillen Experimente einhergehen mit Erfahrung von Armut und Perspektivlosigkeit. Das junge Paar kann es kaum erwarten, sich in den Fluss des Lebens zu stürzen, in der Metropole endlich die rigiden Regeln von Schule und Familie abzustreifen und die eigenen Kräfte zu erproben. Nun muss sich alles, alles wenden.

Hohl schreibt und philosophiert seit Jünglingstagen. Er will hoch hinaus – und tief hinein. In Netstal, im engen Tal der Linth, wo er aufwächst, gibt es nur einen Ausweg: über die Berge direkt in den Himmel. Gewaltige Touren werden, nebst exzessiver Lektüre und Zigarren-Rauchen, zur Sucht. Nahe den Gipfeln erlebt der

Jugendliche beseligendes Einswerden von Körper und Geist und ekstatische Momente des Durchscheinens einer höheren Dimension; inmitten der Gefahr ist er dem Ewigen nah, einer Welt der Erhabenheit und Schönheit, die mit menschlicher Sprache kaum zu erfassen ist.

Unten im Tal jedoch warten die Väter und Lehrer – von ihnen geht Verletzungsgefahr aus. Der Sensible umgibt sich mit einem Schutzwall aus Rebellion, Zorn und Trotz gegen die autoritäre Außenwelt. Und sucht fast herrisch nach Liebe und Verständnis bei Freunden und Freundinnen – die fasziniert und überfordert sind von der Intensität seiner Ansprüche.

Kurz vor der Flucht aus der Schweiz erlebt der 20-Jährige, der vor den Seinen als Schulversager dasteht, eine unerhörte Steigerung seines Selbstbewusstseins. Es ist wie ein Wink des Schicksals: Der renommierte Literaturkritiker Max Rychner lobt den Anfänger und publiziert einige seiner Gedichte in der *Neuen Schweizer Rundschau* – Gedankenlyrik mit heroischem und melancholischem Flair. Für Hohl ein Ritterschlag. Er nennt sich jetzt offiziell »Schriftsteller« und legt seinen Vornamen Arnold, der identisch ist mit dem des ungeliebten Vaters, ab und ersetzt ihn durch seinen zweiten Vornamen, Ludwig, der für Ansehen und Reichtum steht, heißt so doch der Großvater mütterlicherseits, Patron der Papierfabrik Zweifel in Netstal, Oberhaupt einer tonangebenden Industriellen-Familie im Glarnerland. »Ludwig« steht aber auch für Geist, Kunst, Genie – seit Jugendtagen verehrt Hohl Ludwig van Beethoven. Seine

Strahlkraft zeigt sich in einem gewaltigen Traum, der in *Die seltsame Wendung* Eingang findet. Die Art, wie Beethoven das Orchester dirigiert, verrät etwas von Hohls poetischer Utopie, die er dann in den *Notizen* verwirklicht: das Miteinander von Intellekt und Schau, das Bauen mit kleinen Teilen, um ein höheres Ganzes einzufangen.

Auch die Erfahrung der Liebe verbindet Hohl mit Beethovens Musik, sie steht am Anfang seiner Beziehung zu Gertrud, die Pianistin werden will. Ihr Klavier- und Orgelspiel bezaubert ihn. Hohl hat sensible Ohren, eine Melodie kann ihn lange verfolgen. Die Stille der Berge und dann den lauten Montparnasse erlebt er als Klangraum, der beseligt oder martert. Die Stimmen im eigenen Kopf, aber auch alltägliche Geräusche wie die Spülung eines Klosetts können anschwellen zu einem apokalyptischen Brausen. Das Ich löst sich auf – in namenloses Grauen oder in ein ekstatisches Gefühl der Allverbundenheit. Hohl evoziert in Erzählungen und Notizen immer wieder Momente, wo das Orgeln aus der Weltentiefe hörbar wird. Dies kosmische Rauschen grundiert auch *Die seltsame Wendung*, bis in den Sprachrhythmus hinein.

Gertrud wird in Paris mit Klavierunterricht und als Stummfilm-Begleiterin den Lebensunterhalt verdienen – für beide. Denn Hohl kann trotz allen Bemühens über Jahre kaum etwas publizieren, hat keine Einnahmen, und was ihm die Eltern monatlich überweisen, reicht nirgends hin. Warum dem so ist, darf in der Schweiz niemand erfahren.

Über die Lebens- und Leidenserfahrungen des jungen Hohl in Paris ab 1926 und bis 1931, als er nach Holland weiterzieht, sind wir gut informiert. Nebst Briefen vor allem durch zahlreiche Notizbücher, die Hohl als Konvolut aufbewahrte und später selbst *Grundschriften* nannte – womit er sie zur Basis seines Werks nobilitierte.[1]

Auf seinen Stadtgängen trug er stets ein Büchlein mit sich, in das er, bei Zwischenhalten in den Cafés oder in den wechselnden Hotelzimmern, Eintragungen machte – Beobachtungen, Szenen, Stimmungsbilder, später auch ausgearbeitete Entwürfe längerer Texte. Vor allem aber dokumentieren die Aufzeichnungen die Pendelschläge eines empfindlichen Gemüts, die Fieberkurve zwischen den Polen Apathie und Euphorie. Der Vollzug des fast täglichen Schreibens erscheint als Überlebensstrategie eines Menschen, der mit dem Phänomen Großstadt und dem Anspruch an sich selbst, ein Werk zu schaffen, überfordert ist und damit klarkommen muss.

Auf den jungen Mann aus der provinziellen Schweiz wirkt Paris wie ein Rausch – noch bevor er einen Tropfen Alkohol getrunken hat. Lärm, Tempo, Lichter, Menschenmassen und Verkehr, Sinnesreize aller Art überschwemmen den Unsicheren, Gedankenreichen, zur

1 Die Notizhefte von 1926 wurden publiziert unter dem Titel *Aus der Tiefsee. Paris 1926*. Im Auftrag der Ludwig Hohl Stiftung herausgegeben und mit einem Nachwort versehen von Ulrich Stadler. Frankfurt a. M.: Suhrkamp 2004.

Schwermut Neigenden. Das Quartier Montparnasse mit seinen vielen Lokalen, Hohls Lebenszentrum, birgt Gefahren. Hier zerstieben angelernte bürgerliche Normen. Die Grenzen zwischen Tag und Nacht, Sitte und Sünde, Arbeit und Müßiggang lösen sich auf, ebenso die Ordnung der Geschlechter und die Orientierung an der Wahrheit. Hohls Ohren widerhallen vom Missklang kontroverser Ideologien und Meinungen. Der Boden schwankt unter seinen Füßen, umso mehr, als er sich mangels Anstellung oder anderer Verpflichtungen auf keine äußere Struktur stützen kann.

Hohl versucht tapfer, sein ineffizientes Dasein zum Beruf zu erklären. Während er sich treiben lässt, über die Boulevards und in die anrüchigen Gässlein, ist er innerlich doch ständig am Arbeiten. Mit der Feder in der Hand beobachtet er die Welt vor seinen Augen und sich selbst als reflektierendes Teilchen in diesem Kosmos. Mit den Notizbüchlein hat Hohl sein Atelier und zugleich seinen Kompass ständig dabei. Herumwandelnd übt er sich im Handwerk des Schreibens und zugleich im Steuern des schwankenden Lebensschiffes – denn in Paris fühlt sich Hohl oft ausgesetzt wie auf einem Meer ohne Ufer. Und ob er ein Kolumbus ist auf dem Weg, Amerika zu entdecken, ist höchst ungewiss. Manchmal erscheinen ihm über den Dächern von Paris die Häupter der altbekannten Berge und mahnen an die Gegenwart des Ewigen.

In Paris betrachtet Hohl das Notieren noch als Vorübung zu etwas Größerem – erst in Holland wird er es zur zentralen Gattung seines Schreibens machen. Im langweiligen Den Haag, wo eine Kaffeehaus-Kultur fehlt, denkt Hohl wehmütig an die belebende Community im Montparnasse zurück, aber auch an die destruktiven Kräfte, die dort an allen Ecken und Enden lauerten. Bei der erneuten Beschäftigung mit *Die seltsame Wendung* notiert er 1933: »Ich habe, in Haag auf der Straße gehend, plötzlich bemerkt, dass ich eine Art Entspannung empfinden würde, wenn ein Zusammenstoß geschähe [...] Angst über den Verkehr; Lösung, sozusagen ›Befreiung‹ dieser Angst durch Zusammenstoß. In diesem Sinne hat der Mann der Seltsamen Wendung sich mehr oder weniger selber hineingestürzt, um ein Ende zu machen. Ein Zustand kann unerträglicher sein als der ärgste Schluss.« (S. 104)

Hohl hofft, dass bei allem Notieren ein »Werk« heranwächst. Was das sein wird, ist noch unklar, aber etwas mit der existentiellen Erfahrung ›Paris‹ soll es zu tun haben. Ein Roman schwebt ihm vor, der Titel *Mitternachtsgesellschaft* wird erwogen. Vielleicht eine Milieu-Studie des Montparnasse, eine Präsentation der verschiedenen Typen, die in den Cafés ihren Auftritt haben – Möchtegern-Künstler, Schaumschläger oder weise Narren, die auf Pump leben, zu viel trinken, keine Tagesstruktur haben; junge Frauen aus den Kunstakademien, ›leichte Mädchen‹ für die Augen der Begierde; Menschen, die aus allen möglichen europäischen Ländern und politischen Krisenherden hierher verweht wurden und ihre Theorien propagieren. Hohl hat ein Auge für die kläglich bis glorios scheiternden Montparnos, in denen er immer auch Facetten seiner selbst erkennt. Manche wandern in kleine Prosastücke oder Erzählungen ein. Der Maler in *Die seltsame Wendung* ist ihm einer der nächsten.[2]

Hohl muss dann aber merken, dass er sich mit dem konventionellen Projekt ›Roman‹ überfordert. Er gerät in eine »Anstrengung«, wie der Maler in *Die seltsame Wendung*. Mit sturem Willen und Disziplin ein dem eigenen Naturell widerstrebendes Ziel erreichen zu wollen, führt in Öde und Wüste, wo die Quelle der Poesie versiegt.

## *Trinken*

Der Griff zur Feder muss sein – aus innerem Auftrag. Bald aber wird auch ein anderer Griff zur Gewohnheit – derjenige zum Glas. Wenn das Schreiben erste Hilfe bedeutet für einen, der an der Krankheit Leben leidet, so leistet das Trinken gleichsam zweite Hilfe. Wenn das Schreiben-Wollen nicht in Fluss kommen will unter dem Druck der Ansprüche, wenn die Stimmen von Selbstzweifel und Schuldgefühlen überlaut werden, flieht Hohl an den *zinc*, die Bar, oder an ein rundes Tischchen eines der Cafés an der Kreuzung Boulevard Raspail/Boule-

2 Z. B. die Figur von Mergault in *Die vorletzte Station. Die Chronik Dingy.* Mergault ist vom Typ her eine Variante des Malers, diesmal nicht von innen, sondern von außen betrachtet.

vard Montparnasse, nahe der Metrostation Vavin. Straßen- und Menschenlärm des Quartiers übertönen den Lärm im eigenen Kopf. Innere Unruhe oder lastende Schwermut weichen, Hohl fühlt sich dann »belebt« – er benutzt diesen Ausdruck für die wohltuende Auswirkung des Alkohols. Der Schweigsame wird gesprächig, der Verschlossene kontaktfreudig, ja, ausgelassen bis zu Radau und Gewalttätigkeit. Doch leider geht in Zuständen solcher Selbstvergessenheit der Kontakt zu Feder und Büchlein verloren. Der innere Schreibauftrag wird vernachlässigt, was schlechtes Gewissen erzeugt. Die Arbeitsmoral, die Hohl aus der Schweiz importiert hat, lässt sich zwar im Rausch austricksen, aufersteht aber nach dem Kater umso fordernder. Ein innerer Kritiker denunziert die nicht erbrachte künstlerische Leistung, pocht erneut auf Disziplin, was quälende Spannungen aufbaut, die wiederum mit Alkohol betäubt werden müssen. Hohl erlebt diesen für viele Alkoholiker typischen Teufelskreis.

*Die seltsame Wendung* gibt schmerzlich genauen Einblick in diese Leidensdynamik, fast wie ein Selbsterfahrungsprotokoll, das Fachpersonen interessieren könnte. Dass die Sucht im Falle von Hohl und dem Maler auf verhexte Art verschlungen ist mit der schöpferischen Dynamik, hebt sie über die Pathologie hinaus. Hier setzt Hohls Forschergeist an. Er will beobachten und bezeugen, was ihm trinkenderweise geschieht, wenn er zwischen Größenwahn und Minderwert hin- und hergeworfen wird, wenn er in überbelichteten, zerrütteten, vernebelten Bereichen des Bewusstseins verweilt und von Alkohol stimuliert die »Wendung« erlebt, die Befreiung aus der Vereinzelung und den Anschluss an das überquellende Reich der schöpferischen Kraft. Der Wille zur Leistung verwandelt sich in Bereitschaft zur Offenheit für verrückte Einfälle jenseits der Alltagslogik. Ob das im Höhenflug des Rausches Geschaute und Gehörte als abgeschlossenes Produkt das Tageslicht erreicht oder nicht – darauf kommt es vielleicht gar nicht an. In Momenten, wo das Vorschwebende zum Greifen nahe scheint, versagt dem Dichter die Sprache, oder der Maler steht am Ende allen Bemühens wieder vor einer weißen Leinwand, wie es Balzac 1832 in der Erzählung *Le Chef-d'œuvre inconnu (Das unbekannte Meisterwerk)* exemplarisch erzählt. Die höchste Einsicht kann nicht zur Darstellung kommen, es sei denn im Mut zur vielsagenden Lücke, dem Verstummen. Hohl notiert dann gerne eine Pause, einen oder mehrere Gedankenstriche – –. Und weiß sich dabei einverstanden mit Goethes Weisheit aus Wilhelm Meisters Lehrbrief: »Das Beste wird nicht durch Worte klar.«

*Die seltsame Wendung* ist ein Versuch, die ewige Annäherung an »das Beste«, die Suchbewegungen des schöpferischen Prozesses in kommunizierbare Form überzuführen, das Verschlossene nach außen zu bringen, ohne es zu glätten. Gelungene Wortfindungen stehen neben Ungefährem, manches wird nicht ganz klar. Vielleicht in der Hoffnung, mit dem Bericht beim Lesenden Verständnis zu schaffen für das sonderbare Wunderbare, das sich hinter der Fassade des verachteten Säufers abspielt. Wo scheinbar Verwahrlosung und Sittenzerfall herrschen, wird in Wahrheit auf Hochtouren gearbeitet, nahe dem ewigen Werden und Vergehen.

## *Abhängig*

In seinen Pariser Aufzeichnungen imaginiert Hohl bisweilen mythisch anmutende Kobolde, die ihm über den Weg laufen und ihm gut zusprechen, einen bärtigen Bergler etwa, der ihn mitten im Pariser Verkehr auf die Inspirationsquelle aufmerksam macht, die unter dem Asphalt murmelt, oder ein blaues Männlein, das ihm bald sanft, bald hart mahnend das Tintenfass übers leere Blatt zuschiebt.[3] Hohls Empfindlichkeit rechnet mit der Vorherrschaft strenger Instanzen, so müssen ihm die leiseren, gütigen Stimmen aus der Traum- und Märchenwelt zu Hilfe kommen.

Der Kunsthändler, genannt Schwänzel, ist ein Typ, wie er in der Realität durchaus vorkommt. Nach eigenem Bekunden dachte Hohl bei der Konzeption der Maler-Figur an Berühmt-Gewordene, die zu Lebzeiten künstlerische Außenseiter waren; zum Beispiel an Amedeo Modigliani, armer Bohémien im Montmartre und Montparnasse, der, Alkohol und Drogen konsumierend, angewiesen war auf Taggelder von Kunsthändlern und dessen Bilder erst nach seinem Tod hohe Preise erzielten;

3 Vgl. Hohl, *Aus der Tiefsee*, a.a.O., z.B. S. 156, S. 172ff.

oder an Vincent van Gogh, der, arm, einsam, visionär, alkoholabhängig und abhängig von der finanziellen Unterstützung des Bruders, zu Lebzeiten kein Bild verkaufte und erst nach seinem Selbstmord-Unfall auf dem Kunstmarkt teuer gehandelt wurde.

Schwänzel ist, mit sprechendem Namen, eine wendige Figur, in der sich Fürsorge mit berechnendem Eigennutz mischt, ein Mäzen mit Zügen eines Zuhälters oder Dealers. Schwänzel ist aber auch eine Figur aus Hohls Seelentheater. In ihm scheinen alle abhängig machenden Instanzen, unter denen er lebenslang litt, gebündelt zu sein: die Eltern, deren finanzielle Unterstützung immer nur knapp zum Überleben reicht, die Kulturinstitutionen in der Schweiz, die sich schwertun, Hohl Vorschuss zu geben, die Redaktoren, die Eingesandtes zurückweisen oder mit wenigen »Fränklein«[4] honorieren, die Kollegen und die Kellner, die auf Begleichung der Schulden warten.

Doch hat Schwänzel nicht auch Züge eines guten Lehrmeisters, der fördert und fordert? Der die Trunksucht nicht verurteilt, sondern sie nutzt als Treibstoff der Kreativität? Gleicht er nicht irgendwie Goethes Mephisto, der einen Zweifler und Lebensmüden wider Willen dazu bringt, im Augenblick erfüllt zu verweilen? »Alles ist nur noch ein Raum für den ewigen Weg; es gibt kein Vergehen mehr« (S. 90). Ein unglücklicher Nein-Sager erlebt den Durchbruch zum großen JA, in dem al-

4 In einer früheren Fassung hieß Schwänzel »Fränkel«.

les Erlittene aufgehoben ist. Ob das ein gutes Ende ist, bleibt offen. Das Pathos der Schlussapotheose, die Christi Auferstehung zitiert, als sei der Tote endgültig größenwahnsinnig in den Trinker-Himmel übergetreten, ist nicht ohne Ironie. Der Seher, im Glanz der Zeitfreiheit, im ewigen Jetzt stehend, scheint den Tod überwunden zu haben. Aber wäre ihm die Rückkehr aus dem Allgefühl ins Alltagsleben nicht doch zu wünschen? Ist nicht etwas faul, wenn die Früchte des Rausches auf den Kapitalmarkt geworfen werden?

### *Lebenssituation 1929*

Zum Jahreswechsel 1928/1929 erlebt Hohl eine schwere Krise, die vor allem eine Eifersuchtskrise ist, an der, wie Hohl meint, Gertrud schuld ist. Das Drama spielt sich in Marseille und im savoyischen Faverges ab. Hohl fühlt sich verraten und verlassen, quält Gertrud seelisch aufs Äußerste, steigert sich in eine Psychose, stürzt sich kopflos in eine Liebesgeschichte mit einer alten Bekannten aus der Jugend. Sie heißt Lili, sie lockt ihn und entzieht sich ihm. Der Name der Ersehnten geistert durch *Die seltsame Wendung*. Gertrud setzt sich ab, kehrt aber im Frühling 1929 ungeachtet der schrecklichen Erfahrungen nach Paris und in Hohls Nähe zurück. Beide wohnen im Arbeiterquartier Montrouge. Hohl, noch bodenloser als sonst, ist auf verzweifelter Suche nach Halt bei Frauen – der Mangel an Liebe und Zugehörigkeit führt in eine Sehnsuchtssucht, die fast nicht auszuhalten ist und mit Alkohol betäubt werden muss; zudem nimmt er bei Schlaflosigkeit Veronal, das zu einem weiteren abhängig machenden Begleiter wird. Trotzdem ist Hohl, nach dem Kauf einer Schreibmaschine, viel geschäftiger als früher und betreibt emsig sein »Exportgeschäft« an deutsche und schweizerische Redaktionen, auch wenn es erfolglos bleibt.

Im Sommer 1929 lernt Hohl Eduard Zak kennen, einen literaturaffinen Studenten aus Wien, der in Paris Kontakte hat zum Milieu der Surrealisten; er übersetzt in ihrem Auftrag Lautréamonts *Chants de Maldoror*.

Zak ist sensibel und gebildet, Hohl erlebt mit ihm eine große Liebe, intensivste Momente des Gleichklangs, bis hin zu Episoden sexueller Vereinigung. Endlich ist Hohl in ekstatischen Zuständen nicht mehr allein. In Zak hat er jemanden gefunden, der den Rauschzustand so erlebt, wie er ihn gern verstanden wissen möchte: nicht als Regression und Peinlichkeit, sondern als Aufstieg in geistige Hochform, als Brücke in überschwängliche Lebensintensität und Lebenseinsicht. Als Zak nach einigen Monaten nach Wien zurückkehrt, stürzt Hohl in einen Abgrund der Verlassenheit.

Gut möglich, dass Zaks Liebe und Verlust in den herausgerissenen Stellen ihren Platz gefunden haben – –

Hohl verdankt Zak manche Anregung für seine künstlerische Entwicklung: Er lässt ab vom verkrampften Willen zum Werk und kann die Orientierung an traditionellen Formen, dem Roman zum Beispiel, etwas lockern; er vertraut mehr und mehr den inneren Bildern, die im

Rausch zugänglich werden. Denselben Wandel macht auch der Maler in der *Seltsamen Wendung* durch: Er kehrt sich vom Akademismus ab und hin zu traumartigen, ja psychedelischen Bildern.

Hohl erkundet, ähnlich wie es die Surrealisten zur selben Zeit tun, das Unbewusste und die Traumwelt, die sich auch beim Wandern durch die Großstadt manifestieren kann. Freilich interessieren ihn weniger deren Techniken wie die *Écriture automatique* oder andere provokative Spielereien. Ihm geht es um die genaue Einsicht in den Weg der schöpferischen Produktion. 1926 notiert er »Entwicklungsetappen des Künstlers«, in Worten, deren Bildhaftigkeit in der *Seltsamen Wendung* wiederkehrt: »1.) Heiße Luft ist um einen, die man wütend schlägt 2.) dann wird es heller und kühlt sich ab 3.) Starker Glanz aus der Ferne 4.) Es muss irgendwo eine ferne Sonne sein denn die Helle nimmt zu und es wird wieder wärmer 5.) Nun sieht man einzelne Strahlen schießen 6.) Bald muss die Sonne herrschend in den Traum treten, aus Vielem zu schließen.«[5] 1931 lautet einer der vielen Versuche, den schöpferischen Prozess zu beschreiben, so: »Wie ein Qualm, wie ein Brei mich vorwärtsbreiten, nicht an Kompositionelles denken, das an Kompositionelles Denken läßt mich oft die wirklichen Dinge vergessen oder unrichtige dazu erfinden.«[6]

Wenn der Rausch einen Bilder-Gewinn abwerfen soll,

5 Hohl, *Aus der Tiefsee*, a.a.O., S. 212.
6 SLA-Hohl-A-4-c-1, S. 2; vgl. Editorische Notiz, S. 148.

braucht Hohl die richtige Dosierung von Trance und Nüchternheit, Erhitzung und Abkühlung – die morgenfrische Dämmerung ist seine Zeit. In den *Notizen* ist öfters davon die Rede. Mit dem Rücken noch an Traum und Rausch gelehnt, lässt sich mit poetischer Klarheit Zeugnis ablegen vom nächtlichen Weg entlang dem heißen Kraterrand. Das Magma kristallisiert – doch ganz darf es nicht erstarren. Die Kunst ist, es am Kristallisieren zu halten. Am besten ohne Ende.

### *Bilder*

Zu Hohls Freunden in Paris zählen viele Maler. Nicht die großen Namen, sondern heute vergessene Talente wie Gerd van Eck, Alfred Aberdam, Emile E. Liengme, Georgi Giseken, Léonide Petroff oder der Fotograf Heinrich Heidersberger. Wahrscheinlich kannte er Alberto Giacometti vom Sehen. Anzunehmen ist, dass er auch vom Schicksal des Andreas Walser hörte, der 1928, mit Empfehlungen von Ernst Ludwig Kirchner, im Montparnasse landet und innert kürzester Zeit sich mit Pablo Picasso, verschiedenen Surrealisten und Jean Cocteau anfreundet, in ungeheurem Schaffensrausch, der mit Drogenkonsum und homosexuellen Ausschweifungen einhergeht, eine Fülle von Bildern schafft und nach zwei Jahren an seinen Exzessen stirbt. Eigenartige Parallelen: Walser, vier Jahre jünger als Hohl, ist ebenfalls ein Kind der Schweizer Berge (er stammt aus Chur) und Sohn eines reformierten Pfarrers. Auch er ist ein Getriebener mit hohen Ambitionen, aber anders als Hohl, vom Naturell her traumwandlerisch leicht, sich hingebend und zugleich forsch, wohl aus tiefer Todessüchtigkeit. Hohl denkt zwar mehrmals an Selbstmord, sein Lebenswille erlaubt ihm aber nicht, mehr zu tun, als seine Protagonisten umkommen zu lassen.[7]

Hohl selber greift gelegentlich zu Farbstift oder Pastellkreide. Aber wenn gewisse Malerfreunde pittoreske Paris-Sujets auf die Leinwand bannen, wendet er sich naserümpfend ab. Er ist an Vorgängen hinter der ›Fassade‹ interessiert, an den turbulenten Farben im Innern der Menschen und Dinge. Wenn er sich durch die Stadt bewegt, bekommt er bisweilen glühende Augen, wie Beethoven im erwähnten Traum. Gewisse Anblicke können sich, besonders unter dem Einfluss von Hunger, Schlafmangel, Alkohol, aufladen zu visionärer Schau. Auch das »Rauschen« stellt sich synästhetisch dann oft ein. In den Notizbüchern notiert er mehrmals klingende Bilder – »Les Halles« im Morgengrauen, ein Park-Weg bei Nacht, ein Blick in die Banlieue. Alltägliches verwandelt sich ins grell Expressive oder abstrakt Konstruktive.

Naheliegend, dass Hohl einen Maler imaginiert als

7 Hohls Erzählung *Und eine neue Erde* beginnt mit dem verräterischen Satz: »Andreas W., ein Maler, hat vor Jahren von einem Freunde ein Wort vernommen …« (aus dem gleichnamigen Band, hrsg. v. Johannes Behringer. Frankfurt a. M.: Suhrkamp 1990, S. 120). Auch er ist ein Wandernder und Sich-Wandelnder, wie übrigens auch die Figuren in *Nächtlicher Weg*, *Das Pferdchen* oder Ull in der *Bergfahrt*.

Protagonisten der *Seltsamen Wendung*. Er leiht ihm seine visuelle Seite und Durchlässigkeit für innere Bilder. Wie schillernde Fische im Netz des trunkenen Schwadronierens leuchten die Stellen im Text, wenn Hohl durch die Augen des Malers schaut und schreibt. Dieser malt beim ersten Ausbruch aus dem Akademischen wie ein Fauve oder Expressionist, die Sonne blau, die Erde orange. Eigentlich müsste er sich aber zum Avantgardisten, zum Filmemacher oder Videokünstler entwickeln, um jenen Visionen, die ihn auf der Straße heimsuchen, gerecht zu werden. Denn was er schaut, passt auf keine gerahmte Leinwand. Offensichtlich ist der Schriftsteller mit seinen Sprachmitteln eher in der Lage, diese wandelbaren Bilder zu evozieren, er kann auf- und abblenden, von Zoom zu Tele wechseln, Beleuchtungstricks einsetzen – etwa bei der Erscheinung des Mannes vor der Mauer (S. 49), oder der Hoteltreppe, die alt und neu wird (S. 92).

Hohl kannte natürlich die Bemühungen von Kunst und Dichtung seit Anfang des 20. Jahrhunderts, das fixe Erscheinungsbild der Dinge zeitlich und räumlich aufzulösen, sah die Bilder der Kubisten oder Futuristen. Vor allem aber bewunderte er van Gogh und seine Pinselhiebe, mit denen er die pulsierenden Energien in jedem geringen Ding mit Hochgeschwindigkeit aufs Papier warf. Und er wusste um die surrealistischen Experimente, die das konventionelle Sehen aufbrachen und Durchblicke schafften in komplexe Innenwelten. Die entsprechenden Galerien und Ateliers lagen an seinen Wegen.

Ein Nachahmer wurde er nicht. Er litt sich durch zu seiner eigenen Weltanschauung.

### *Stirb und werde*

Wir vernehmen als Lesende von *Die seltsame Wendung* nicht, wie die Bilder aussehen, die der Maler am Ende seines Lebens in rascher Folge malt, in einer Phase, da er endlich seiner kreativen Kraft vertrauen kann, vorübergehend genug Geld hat und, wie betont wird, nicht trinkt. Den künstlerischen Output ins Licht zu rücken, darauf scheint es dem Erzähler nicht anzukommen, wichtiger ist ihm das Phänomen der »Wendung«, die das zersplitterte Ich und die ekstatischen Zustände bündelt und zur Ruhe kommen lässt im Gefühl kreativer Sicherheit. Nun ist der Maler aus der Vereinzelung erlöst und hat die Gegenwart, das *nunc stans* des Mystikers, erreicht. ALLES ist schon da. Er muss nicht mehr auf die »ewige Stadt« hinarbeiten und auch keine Notre-Dame mehr malen, ihm geht auf, dass er die »Kathedralen« immer schon in sich trägt, einen Glanz, ein Wissen, das ausstrahlt auf jedes geringste Detail. Als gewandelter Mensch geht er jetzt schwebend auf dem Hochplateau des neuen Sehens und hat Einsicht ins Weltgeheimnis – um den Preis des irdischen Lebens. Wer den Körper nicht mehr spürt und vergeistigt auf Luft geht – »leicht wie ein Eichhorn« (S. 51) –, provoziert den Schock des Zusammenpralls mit den Gesetzen der Materie. Er stürzt ab auf den Boulevard der Alltagsrealität.

Es ist nicht ohne Ironie, dass der abgehobene Maler in ein Auto prallt – Automobile waren das Statussymbol von Hohls verhasstem pragmatischen Vater – und dass er den Händlern anheimfällt und jenen ökonomischen Gesetzen, die für Hohls Familie wegweisend waren und gegen deren Herrschaft der Sohn hartnäckig seine alternative Lebensweise in Stellung brachte.

Wie ein Wunder, oder doch eher wie ein Witz, mutet es an, wenn die alten Gefährten aus dem Montparnasse, angezogen vom Licht wie die Motten, sich am Totenbett des Malers versammeln und ihrerseits eine Wendung erleben – sie haben ihn früher belächelt oder verachtet, nun glauben sie in ihm einen Erleuchteten zu erkennen, von dem Flammen des lebendigen Geistes ausgehen.

Doch am Totenbett wartet noch ein anderer, ein verlässlicherer Freund, der aufmerksam die Sicht und den Bericht von innen geben wird. Er hebt den trunken fallengelassenen Pinsel des Malers auf und macht seinen Weg lesbar und seine ungemalten Bilder sichtbar.

# BILDTEIL

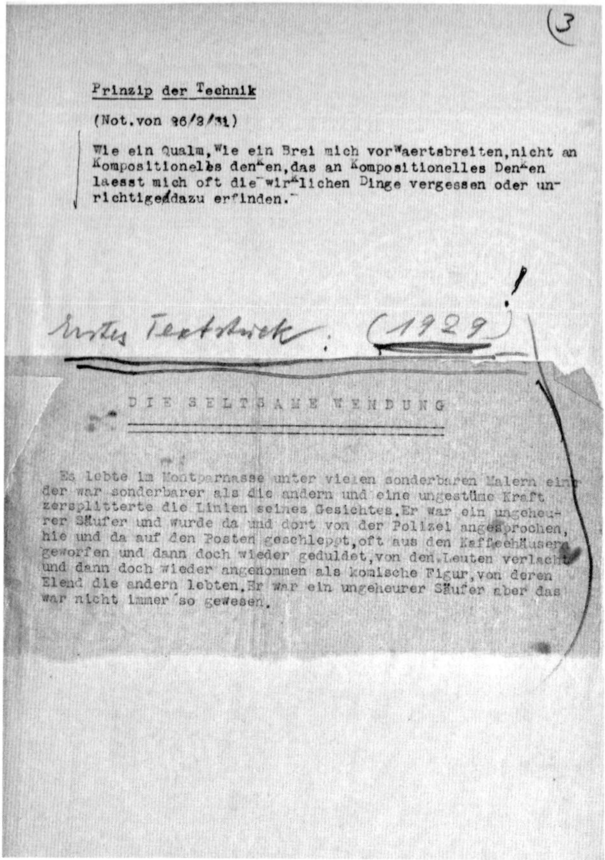
3

Prinzip der Technik

(Not.von 26/3/31)

Wie ein Qualm,Wie ein Brei mich vorWaertsbreiten,nicht an Kompositionelles denKen,das an Kompositionelles DenKen laesst mich oft die wirKlichen Dinge vergessen oder unrichtige dazu erfinden.

Erstes Textstück. (1929)

DIE SELTSAME WENDUNG

Es lebte im Montparnasse unter vielen sonderbaren Malern einer der war sonderbarer als die andern und eine ungestüme Kraft zersplitterte die Linien seines Gesichtes.Er war ein ungeheurer Säufer und wurde da und dort von der Polizei angesprochen, hie und da auf den Posten geschleppt,oft aus den Kaffeehäusern geworfen und dann doch wieder geduldet,von den Leuten verlacht und dann doch wieder angenommen als komische Figur,von deren Elend die andern lebten.Er war ein ungeheurer Säufer aber das war nicht immer so gewesen.

Aus dem Dokumentarischen Anhang zum Typoskript: Notiz zur Technik von 1931 und das erste Textstück von 1929.

Oser Warszawski: *Montparnasse, le peintre Petroff levant son verre* (ca. 1930), Musée d'art et d'histoire du Judaïsme, Paris.

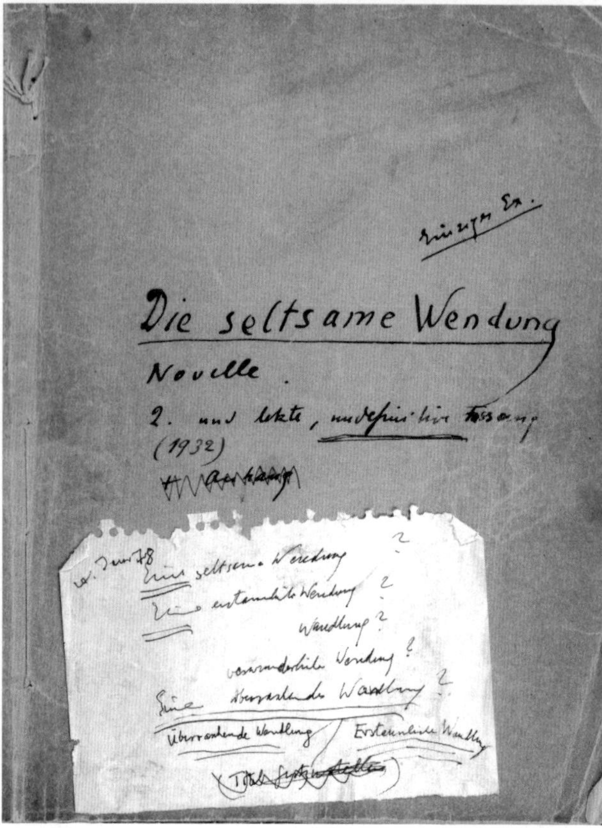


Umschlag des Typoskripts *Die seltsame Wendung* mit Titelvarianten.

# STELLENKOMMENTAR

S. 7 *einer der war [...] lebten*: im Original herausgeschnittenes Textstück (vgl. Abb. S. 6), editorisch ergänzt auf Basis eines im Anhang des Typoskripts eingeklebten Zettels, von Hohl mit »Erstes Textstück 1929« beschriftet, das den identischen Wortlaut des ersten Abschnitts enthält (vgl. Bildteil, S. 136).

S. 8 *ewigen Stadt*: Dieselbe proverbiale Umschreibung für die Stadt Rom dient Hohl auch in seinen Pariser Aufzeichnungen als Sinnbild für das nur mühsam zu erreichende Ziel des großen Werks; vgl. Ludwig Hohl: *Aus der Tiefsee. Paris 1926*, hrsg. v. Ulrich Stadler. Frankfurt a.M.: Suhrkamp 2004, S. 173: »Wer macht sich nicht auf den Weg, auch wenn dieser zuerst, oder gar scheinbar ewig, nur darin besteht Schritt für Schritt sich mit seinem Messer durch die Dornenbüsche zu ringen wobei er in einem Jahr erst um einen Zehntausendstel der ewigen Stadt näher gekommen ist.«

S. 10 *Mädchen*: Der Satz wurde von Hohl handschriftlich gekürzt und war ursprünglich länger: [...] *Zusammenleben mit der Frau, er motivierte es damit, dass ein solches Zusammenleben praktischer sei zur Erreichung seines Zieles.*

S. 11 *weniger dringend geworden*: Vor der Auslassung folgt im Typoskript noch der fragmentarische und hier konjektural ergänzte Satz: *Im Dunkel hatte sich auch eine andere Überlegung hinzuge[sellt, die etwas] Leichtsinn spendete:* Was nach dem Doppelpunkt folgt, worin also die leichtsinnige Überlegung bestand, lässt sich nicht mehr rekonstruieren. Es sind am linken Seitenrand lediglich noch Wortfetzen erkennbar (vgl. Abb. S. 12).

S. 15 *Emotionen [...] Emotion*: maschinelle interlineare Einfügung über den Worten *Sensationen* bzw. *Sensation*, die im Typoskript aber nicht durchgestrichen sind (vgl. Abb. S. 17). Es handelt sich offenbar um eine gleichwertige Variante, die keine klare Präferenz des Autors erkennen lässt. Da im Text jedoch wenige Zeilen später der Begriff *Emotion* ein drittes und viertes Mal folgt, wurde aus Gründen der Kohärenz diese Variante bevorzugt.

S. 16 *Schwänzel*: Im Typoskript steht auf Seite 7 handschriftlich die Namensvariante Fränkel als *telling name* für die Profitgier des Kunsthändlers. Der Name Schwänzel ist möglicherweise eine Anspielung (resp. Analogiebildung) auf das Pseudonym Paul van Ryssel (lies: Rüssel) des Kunstliebhabers und Arztes Paul Gachet, dem nachgesagt wurde, er habe van Goghs Tod verschuldet. Diesen Hinweis verdanke ich Anna Stüssi.

S. 19 *Wie öd war die Epoche*: Die Passage beginnt unvermittelt nach den herausgerissenen Seiten. Hier ist nun wieder vom Protagonisten, dem Künstler, und nicht mehr vom Bilderhändler Schwänzel die Rede. Beim namenlosen Freund, der auch kaum in Erscheinung tritt, handelt es sich eher um eine Projektionsfläche für den suchenden Künstler als um eine reale Person. Zum Motiv der Ödnis bei Hohl vgl. den Prolog zu den *Notizen*: »Die Notizen sind geschrieben worden in den drei Jahren 1934 bis 1936, während ich in Holland in größter geistiger Einöde lebte.« (Ludwig Hohl: *Die Notizen oder von der unvoreiligen Versöhnung*. Frankfurt a. M.: Suhrkamp 1984, [S. 5]). Außerdem zitierte Hohl gerne die folgende Verszeile aus Goethes *Faust II* (1. Akt, Finstere Galerie): »Hast Du Begriff von Öd' und Einsamkeit?«

S. 19 *Café D*: Gemeint ist das Café Dôme, das an der Vavin-Kreuzung direkt gegenüber dem Café Rotonde situiert ist. Beide waren wichtige Treffpunkte der Künstlerbohème. Nach Hemingways Einschätzung galt das Dôme als bodenständiger: »Meiner abendlichen Tugend voll, ging ich an der Kollektion der *Rotonde*-Insassen vorbei, verachtete Laster und Herdeninstinkt und überquerte den Boulevard zum *Dôme*. Das *Dôme* war auch überfüllt, aber dort saßen Leute, die gearbeitet hatten.« (Ernest Hemingway: *Paris – ein Fest fürs Leben*, zit. n. *Gesammelte Werke in zehn Bänden*. Reinbek: Rowohlt 1982, Bd. 9, S. 247)

S. 19 *Balboff*: Gemeint ist der Maler Léonide Petroff, den auch Oser Warszawski in seinem Buch *L'Arrière-Montparnasse* (1992 postum erschienen bei Lachenal et Ritter) erwähnt: »Er spielte Tag und Nacht den Bohemien. Er war Maler. Er war Russe. Er stürzte sich buchstäblich in den Abgrund des Lebens am Rondpoint de Montparnasse. Nach ein paar Tagen hing er schon stumm in den Cafés, kippte ein Glas oder zwei, fünf, sogar mehr, wie die anderen ›Älteren‹, die das vor ihm durchlebt hatten.« (Zit. n. Ludwig Hohl: *Es ist schwer, so ins Dunkle zu reden. Briefe an Isak Grünberg 1930-1937*, hrsg. v. Rudolf von Bitter. Wädenswil: Nimbus 2011, S. 104.) Warszawski malte auch ein Bild vom »peintre Petroff levant son verre«, das im Hintergrund eine autobefahrene Straße zeigt, die an die Schlussszene von Hohls Novelle erinnert (vgl. Bildteil, S. 137).

S. 20 *Café S*: Gemeint sein dürfte das Café Select, das Hohl auch in seinen Pariser Aufzeichnungen erwähnt (vgl. Hohl, *Aus der Tiefsee*, a.a.O., S. 24, 169, 199).

S. 21 *Malakoff*: südlich an Paris angrenzende Gemeinde. Hohl lebte kurzzeitig in diesem Arbeitervorort und hauste dort, wie der Protagonist seiner Novelle, in kleinen Buden und billigen Hotelzimmern.

S. 21 *fulgurierend*: abgeleitet vom frz. Verb *fulgurer* für ›zucken‹, ›blitzen‹.

S. 22 *Balboff und Strozzi*: An dieser Stelle greift Hohl auf eine frühere, im Wortlaut fast identische Schilderung in den *Epischen Grundschriften*, seinen Pariser Tagebuch-Aufzeichnungen, zurück, wo die beiden Namen unverfremdet stehen (EG 16, 28.7.1929, SLA-Hohl-A-04-a-23). Zu Balboff s. Anm. *Balboff* auf S. 19. Mit Strozzi ist der Künstler Rosso Rossi gemeint: Nesto Jacometti erwähnt ihn in seinen *Têtes de Montparnasse* (Paris: Librairie P.M. Villain, 1934), Rossi wird darin allerdings als »Artiste sobre, honnête, loyal« (S. 60) geschildert.

S. 22 *puissamment riche*: frz. wörtlich ›gewaltig reich‹, an dieser Stelle wohl als ›mächtig füllig‹ oder ›enorm kräftig‹ zu übersetzen.

S. 23 *Beethoven*: Hohl, der mit Vornamen eigentlich Arnold hieß, war ein großer Verehrer Ludwig van Beethovens und ließ deshalb am 23. April 1924 amtlich den Eintrag bei der Zürcher Einwohnerkontrolle in seinen Zweitnamen Ludwig umändern (vgl. Anna Stüssi: *Ludwig Hohl. Unterwegs zum Werk. Eine Biographie der Jahre 1904 bis 1937.* Göttingen: Wallstein 2014, S. 96).

S. 25 *Ekstase*: Von einem Maler mit ekstatischen Zuständen handelt auch Hohls Erzählung *Und eine neue Erde* (vgl. den gleichnamigen Band, hrsg. v. Johannes Behringer. Frankfurt a.M.: Suhrkamp 1990, S. 123 und 126). Dort findet sich auch der Begriff der »Wendung« an signifikanter Stelle, die kleinere glückliche Wendungen im Sog der Geschehnisse indiziert: »Dieser Strom war heute neu … Sich bis ins einzelne hinein überlassen: darum ging es! Man starb nicht so schnell, es gab Wendungen, es gab kleine Hilfe da und dort« (S. 126).

S. 32 *Café C*: Gemeint ist das bekannte Pariser Café La Coupole.

S. 35 *Café K*: Die Abkürzung steht wohl für ›Kosmos‹, gemeint sein dürfte das Café Cosmos, das Ludwig Hohl in den *Epischen Grundschriften* (EG 18) vom 12. November 1929 erwähnt (vgl. SLA-Hohl-A-04-a-24).

S. 35 *Mädchen*: Im Typoskript steht verklausuliert der Zusatz *L. 1.* für Lili Marbach, eine Freundin Hohls aus der Zürcher Zeit, die er in einer Montparnasse-Begegnung wiedererkannt haben wollte.

S. 47 *Zehnernötchen*: Diminutivbildung zu ›Zehnernote‹, Helvetismus für einen Geldschein im Wert von zehn Franken. Auch die Schweizer Währungseinheit, der Franken, wird mehrfach in der Verkleinerungsform als *Fränklein* apostrophiert.

S. 47 *Gefrieß*: abwertende Bezeichnung für Gesicht.

S. 51 *Zink*: nach frz. *zinc* für ›Theke‹, da die Tresen in den Pariser Bistros häufig mit einer Platte aus Zinkblech bedeckt sind.

S. 50 *Orgel*: Das Instrument dient Hohl später ähnlich auch als Metapher für die Grundstimmung beim Schaffensprozess: »BEIM ARBEITEN. Es kommt auf die große Orgel an – darauf, ob ihr Klang uns trage – ob sie da ist überhaupt« (Ludwig Hohl: *Nuancen und Details*, II/16); »Das wahre Arbeiten wäre wie die Melodie einer Orgel, wenn die Melodie einer Orgel mehr Orgeln und immer größere Orgeln erschüfe.« (Ludwig Hohl: *Die Notizen*, I/51).

S. 64 *Kombinen*: abgeleitet von frz. *combine* für ›Dreh‹, ›Trick‹, ›Machenschaften‹.

S. 69 *fünf Cafés*: Die bereits erwähnten Cafés C (La Coupole), D (Le Dôme), K (Cosmos) und S (Select) sowie wohl La Rotonde, um welches auch das Geschehen zu Beginn von Hohls Pariser Aufzeichnungen gruppiert ist (vgl. Hohl, *Aus der Tiefsee*, a. a. O., S. 7ff.).

S. 84 *etwas Geld geben*: Bevor der Text weitergeht, ist im Typoskript folgende Zeile mechanisch durchgestrichen: »zusammen entnimmt er tausend Francs im Monat«.

S. 90 *Alles – – – – –*: Hohl kommentiert diese Stelle im Typoskript im Oktober 1976 handschriftlich mit der Bemerkung: »Die Gegenwart ist erreicht.« Auf einem losen Beiblatt vom 31. Oktober 1976 ergänzt Hohl diese Bemerkung wie folgt: »Er hatte die Gegenwart erreicht. Und das konnte ihm niemand mehr nehmen, das war von unaussprechlichem Glück, wenn es auch nur kurz dauerte. Er hatte es erreicht und es wird wieder kommen. (Das Zentrale von Die Selts. W.)«

S. 97 *Bis er überfahren wurde*: Im Anhang zum Typoskript steht dazu eine vom »19. Dezember 1933 stammende sehr wichtige Notiz, bedeutsam und auf S. 74 (der Fass. 2) einzufügen« (vgl. Dokumentarischer Anhang, S. 105).

S. 103 *Gedicht*: Von Ludwig Hohl in den Anhang des Typoskripts von *Die seltsame Wendung* geklebt.

S. 104 *Zu Seltsame Wendung (20. August 1933)*: Handschriftliche Notiz, von Ludwig Hohl in den Anhang des Typoskripts von *Die seltsame Wendung* geklebt.

S. 105 *auf S. 74*: In der vorliegenden Ausgabe handelt es sich um die Seite 97.

S. 106 *Zu Seltsame Wendung*: Diesen Einschub zur Technik der Darstellung, der sich »ungefähr« auf die »Mitte« des Textes bezieht, klebte Ludwig Hohl verso auf die Titelseite des Typoskripts.

S. 108 *Auszug aus Gespräch*: Textvorlage ist die Transkription im Nachlass von Ludwig Hohl im Schweizerischen Literaturarchiv (SLA), Bern: SLA-Hohl-D-5-a-5, S. 5 ff.

S. 108 *Muschg*: Gemeint ist Adolf Muschg, der sich als Suhrkamp-Autor stark für Ludwig Hohl einsetzte.

# EDITORISCHE NOTIZ

*Die seltsame Wendung* ist neben der Erzählung *Bergfahrt* derjenige Text, den Ludwig Hohl früh geschrieben – erste Ansätze finden sich analog zu *Bergfahrt* bereits in Hohls Aufzeichnungen der *Epischen Grundschriften* – und erst relativ spät zur Publikation vorbereitet hat. Im Unterschied zu *Bergfahrt* kam es jedoch zu seinen Lebzeiten nicht mehr dazu. Das Typoskript, dessen Entstehung somit bis in die Anfänge von Hohls Schriftstellerei zurückreicht, blieb unveröffentlicht. In den *Epischen Grundschriften* rekapituliert Hohl, wie er Mitte Juli 1929 »plötzlich zu schreiben vermochte« und, beflügelt von seinen kreativen Kräften wie vom Alkohol, in einen doppelten Rauschzustand geriet: »Entschieden war es schon da auf die Nacht vom 27./28. Juli hin, da ich betrunken war. Die Betrunkenheit führte zum formellen Durchbruch.«[1] Auf allen nachgelassenen Werklisten, die der angehende Autor prospektiv anlegte, wird *Die seltsame Wendung* erwähnt, auf der Liste vom 1. März 1932 gleich an erster Stelle.[2] Im Brief an seine Tante Bertha Zuber-

1 EG 16, 8.8.1929, SLA-Hohl-A-04-a-23.
2 Vgl. Nachlass von Ludwig Hohl im Schweizerischen Literaturarchiv (SLA), Bern: SLA-Hohl-A-0 sowie den Katalog Ludwig

Zweifel vom September desselben Jahres spricht Hohl gar von seiner »grossen Novelle ›Die seltsame Wendung‹«.[3] Die Geschichte um das letale Delirium eines Montparnasse-Künstlers zählt somit von Anbeginn zum festen Kern von Hohls Œuvre. Sie steht im Zusammenhang mit anderen Milieu-Schilderungen aus Hohls Pariser Aufenthalt in den Jahren 1924 bis 1930, die er nach dem Modell von Balzacs *Comédie humaine* als großangelegten Gesellschaftsroman unter dem Titel *Mitternachtsgesellschaft* zusammenstellen wollte.[4]

Die Novelle *Die seltsame Wendung* ist – wie der Autor mehrfach vermerkt – in einem einzigen Exemplar überliefert und heute in seinem Nachlass im Schweizerischen Literaturarchiv unter der Signatur SLA-Hohl-A-04-c-1 aufbewahrt. Es handelt sich beim 75-seitigen Typoskript um die »2. und letzte, undefinitive Fassung« (vgl. Bildteil, Abb. S. 138), die Hohl vom 3. bis 25. September 1932 in Den Haag erstellt und danach verschiedentlich, in zeitlich teilweise weit auseinanderliegenden Phasen überarbeitet hat, zuletzt im Hinblick auf eine Nachfolgepublikation zu *Bergfahrt* (1975) bei Suhrkamp. Im Gespräch mit Alexander J. Seiler vom Juli 1978 äußert sich Hohl dahingehend, dass er sich vom Verlag zur Pu-

Hohl: *Alles ist Werk*, hrsg. v. Peter Erismann, Rudolf Probst und Hugo Sarbach. Frankfurt a. M.: Suhrkamp 2004, S. 174.

3 Brief vom 8.9.1932, SLA-Hohl-B-1-a-67.

4 Vgl. Ludwig Hohl: Aus der Tiefsee. Paris 1926, hrsg. von Ulrich Stadler. Frankfurt a. M.: Suhrkamp 2014, dort im Nachwort von Ulrich Stadler, S. 338.

blikation gedrängt fühle: »Mit Unseld gibt es immer Streit deswegen, er will immer alles drucken, furchtbar.«[5] Hohl zeigte sich wie gegenüber allem in seinen Augen ›Unfertigen‹ anfänglich skeptisch, was eine Publikation anbelangt, feilte jedoch bis kurz vor seinem Tod am Text.

Im Verlauf seines Lebens nahm der Autor seine Novelle mehrfach wieder zur Hand, nachdem er von 1929 bis 1932 in mehreren Etappen daran geschrieben hatte. Das ›Grundmanuskript‹ schloss er am 13. Mai 1932 ab, im Juni und Juli erfolgten Korrekturgänge, bis er den Text von Ende August bis September nochmals intensiv – und teilweise parallel zur Arbeit an der Erzählung *Nächtlicher Weg* – zur zweiten Fassung umarbeitete, wie sie heute vorliegt.[6] Eine erste Nachlese erfolgte unmittelbar nach der vollständigen Niederschrift und ist in Form eines Anhangs im überlieferten Typoskript dokumentiert. Auf eine integrale Wiedergabe dieses Anhangs wird hier verzichtet, da es sich mehrheitlich um nur bedingt ausformulierte, an sich selbst gerichtete Arbeitsnotizen handelt, die für das Verständnis der Novelle nicht entscheidend sind. Eine zweite Relektüre erfolgte gut zwanzig Jahre danach im Zeitraum zwischen Januar 1951 und November 1953 und ist durch einige

5 SLA-Hohl-D-5-a-5, S. 10. Ein Auszug aus dem Gespräch ist hier im Dokumentarischen Anhang des Textes auf Seite 108-111 wiedergegeben.

6 So die Angaben in Hohls *Agenda* von 1932, SLA-Hohl-C-01-b-1.

handschriftliche Korrekturen und Kommentare belegt, wobei der Autor durchaus wohlwollend über seine frühe Prosaarbeit urteilte: »Dieser Abschnitt ist im ganzen ziemlich gut«, heißt es auf Seite 8 im Typoskript (vgl. Abb. S. 16), und zwei Seiten weiter schrieb Hohl: »im ganzen nicht schlecht«. Auf Seite 30 findet sich im Typoskript indes ein Lesezettel mit folgendem Kommentar vom 18. Januar 1951: »Viele zu starke Wörter, event. Wiederholungen zu häufig. Wie aber den ganzen Stil noch ändern?!« Fast drei Jahre später, am 1. November 1953, beantwortet Hohl seine Frage auf demselben Zettel: »Der Stil ist im ganzen nicht zu ändern; nur leicht zu reduzieren; zu revidieren.«

Hohl erkennt also die stilistische Eigentümlichkeit seines Textes sehr wohl, wertet sie aber nicht unbedingt als Schwäche, sondern akzeptiert sie als Merkmal einer Prosa, welche von der rohen, ungeschliffenen Wucht einer impulsiven Niederschrift lebt, die – auch von der Milieuschilderung her – stark expressionistische Züge aufweist. Jeder Versuch, den Text nachträglich umzuschreiben, würde ihn in seiner Unmittelbarkeitsästhetik zugleich verfälschen. So heißt es in einer Notiz über das »Prinzip der Technik« vom 26. Februar 1931 aus dem Anhang zur Novelle: »Wie ein Qualm, wie ein Brei mich vorwaertsarbeiten, nicht an Kompositionelles denken, das an Kompositionelles Denken laesst mich oft die wirklichen Dinge vergessen oder unrichtig dazu erfinden.« Dieses Credo eines Vorrangs der Authentizität vor Stil und Komposition ist ein Grundcharakteristikum aller Berichte Hohls aus den 1930er Jahren, in deren Stoffkreis auch *Die seltsame Wendung* gehört.

Für die Novelle sah Hohl eine Reihe von Titeln vor, bevor er sich schließlich für *Die seltsame Wendung* entschied. Auf dem Umschlag des einzig erhaltenen Typoskripts ist ein Abreißzettel mit folgenden Varianten aufgeklebt (vgl. Bildteil, Abb. S. 138):

Eine seltsame Wendung
Eine erstaunliche Wendung
                                    Wandlung
            verwunderliche Wandlung
Eine überraschende Wandlung
Überraschende Wandlung / Erstaunliche Wandlung

Dieselben Varianten tauchen auch auf einem Notizblatt (datiert vom 31. 10. 1976) auf, das dem Typoskript lose beilag: »Eine erstaunliche Wendung«, »verwunderliche W.«, »erstaunliche Wandlung«, »Eine überraschende Wandlung«. Auf einem weiteren lose beiliegenden Zettel (ohne Datierung) steht überdies als »Titel für die ›Wandlung‹« der mit Fragezeichen versehene Vorschlag: »Ein Säufer?«. Dass sich Hohl schließlich gegen diesen zu plumpen Titel entschied, deutet darauf hin, dass die Trinkerei zwar ein zentrales Motiv, aber nicht das eigentliche Thema der Novelle ist, deren Kulmination – oder um es gattungskonform auszudrücken: deren ›unerhörte Begebenheit‹ – in der Gegenwartsemphase des sich in den Verkehr stürzenden Künstlers besteht, der im Unfall für einen ewigen Augenblick die ersehnte Erfüllung findet und endlich das »alleinige, allumfassende Ja« (S. 22) artikulieren kann: »Ja und ja und ja« (S. 99). Der Titel *Die seltsame Wendung* kann daher sowohl inhaltlich auf diesen überraschenden Wendepunkt in der Geschichte – die unerhörte Begebenheit – als auch wörtlich auf diese affirmative Schlussformel des Künstlers bezogen werden. Der schließlich von Hohl gewählte Titel besitzt somit eine Polyvalenz, welche die anderen Optionen nicht im selben Ausmaß aufweisen.

Die Novelle ist nicht unversehrt überliefert. Die erste Fassung von 1929 wurde von Hohl mutmaßlich zerstört. Einzig auf einem Zettel hat sich das »Erste Textstück« als einleitender Abschnitt der Erzählung erhalten, den Hohl in den Anhang zur »2. und letzte[n], undefinitive[n] Fassung« eingeklebt hat (vgl. Bildteil, Abb. S. 136). Auch das Typoskript dieser Fassung, die der vorliegenden Ausgabe zugrunde liegt, weist etliche destruktive Eingriffe auf. Wann genau Hohl diese Textverstümmelung vorgenommen hat, lässt sich zeitlich nicht exakt datieren. Aufgrund der davon ebenfalls betroffenen handschriftlichen Spuren vom Februar 1979 ist jedoch davon auszugehen, dass Hohl die Seiten relativ spät – erst nach der letzten Durchsicht und Überarbeitung – herausgerissen hat. Ob die Fehlstellen somit als allerletzte Korrekturstufe, als Form der Autodestruktion oder als Akt der Selbstzensur zu werten sind, kann in Unkenntnis der zerstörten Stellen nicht restlos entschieden werden.[7] Sauber herausgetrennte Zeilen oder Sätze lassen gezielte Eingriffe vermuten, andere Manipulationen wirken wiederum eher mutwillig. Um der Leserschaft ein möglichst objektives Bild des Fragmentcharakters zu bieten, sind die Rissstellen im Faksimile wiedergegeben und im Text mit eckigen Klammern »[...]« markiert. Kleinere Lakunen werden im Zeilenfluss angegeben, bei größeren Lücken von einer oder mehreren Seiten wird die Auslassung eigens abgesetzt. Vereinzelte erkennbare Wörter am Anfang, am Schluss oder am Rand herausgerissener Stellen werden im Lesetext nicht wiedergegeben, da sie offensichtlich zur vom Autor eliminierten Passage gehören. Die stehen gebliebenen Wortfetzen und Satzfragmente lassen sich jedoch der jeweiligen Abbildung entnehmen.

Abgesehen von diesen Ausrissen liegt der Text hier erstmals in einer bereinigten Lesefassung vor. Auf diplomatische Wiedergabe aller Korrekturen, Streichungen und handschriftlichen Kommentare des Autors wurde verzichtet. Es existiert jedoch eine in textkritischer Hinsicht erstellte Transkription, die in revidierter Form als Basis für die vorliegende Leseausgabe diente. Von Hohl handschriftlich am Typoskript vorgenommene Änderungen und Korrekturen sind sämtlich berücksichtigt. Eigentümlichkeiten in Orthographie und Interpunktion

7 Wenige stehen gebliebene Wörter wie »sexuelle Erfahr[ung]«, »schweifen die Sinne«, bspw. auf Seite 66 im Typoskript (hier S. 87), deuten auf einen zensierenden Eingriff hin.

wurden beibehalten, sofern sie für die Textästhetik von Signifikanz und nicht sinnentstellend sind. Konsequent falsche Schreibgewohnheiten Hohls (wie »aufeinmal« statt »auf einmal«) wurden hingegen angeglichen. Auch offensichtliche Tippfehler (wie bspw. »neuen Uhr« statt »neun Uhr«) und orthographische Inkonsistenzen wurden stillschweigend emendiert. Ebenso wurden fehlende Spatien nach Satzzeichen, insbesondere nach Kommata (ein für Hohls Typoskripte typisches Schriftbild), zugunsten der Leserfreundlichkeit durchgehend normalisiert. Emphasen markierende Sperrungen oder Unterstreichungen sind im Druck *kursiv* wiedergegeben; Abkürzungen (wie z. B.) werden aufgelöst und die auf Hohls Schreibmaschine nicht vorhandenen Zeichen (wie die Umlaut-Majuskel Ü, Ä, Ö und das scharfe Eszett »ß«) nach den heute geltenden Regeln eingesetzt.

Obwohl der Lesefreundlichkeit verpflichtet, sollen die editorischen Eingriffe den fragmentarischen und ungeschliffenen Text nicht künstlich glätten oder eine nicht vorhandene Kohärenz herstellen. Denn zur Ästhetik dieser Novelle gehört ganz entschieden ihre Versehrtheit, die sich sowohl auf thematischer Ebene als auch materiell in den destruktiven Eingriffen des Typoskripts spiegelt.

Alle Abbildungen stammen, wenn nicht anders angegeben, aus dem Nachlass Ludwig Hohls im Schweizerischen Literaturarchiv (SLA) in Bern. Mit freundlicher Genehmigung der Ludwig Hohl Stiftung.

Der Herausgeber dankt der Ludwig Hohl Stiftung (namentlich Marcus Sartorius und Thomas Fries) für den Auftrag, Ariane Lüthi für das professionelle Lektorat, Hugo Sarbach für die Basistranskription, Barbara Lafond (†) für Einblicke in ihre Habilitationsschrift, dem Schweizerischen Literaturarchiv für die bewilligte Nebenbeschäftigung, sowie Antonin Moeri und Anna Stüssi für wertvolle Hinweise und Anregungen.

# ZU LUDWIG HOHLS ›BERICHTEN‹

In der Bibliothek Suhrkamp erscheinen aus dem Nachlass von Ludwig Hohl fünf Texte, die neben seinen *Notizen* und der Erzählprosa eine weitere, bislang unbekannte Werkkategorie bilden. ›Bericht‹ ist in Literatur und Dichtung kein allgemeiner Gattungsbegriff wie etwa ›Roman‹ oder ›Novelle‹ – ganz im Unterschied zu den überaus häufigen Berichten im Journalismus oder in allen Bereichen der Administration. Dort bezeichnet die Textsorte ›Bericht‹ die eher umfangreichere, möglichst objektive, in den eigenen sprachlichen Mitteln eher diskrete Darstellung eines größeren Sachverhalts, der zu Beginn des Textes bereits abgeschlossen vorliegt (z. B. Bericht über eine politische Entwicklung, Jahresbericht, Schlussbericht).

Trotzdem bezeichnen viele Autoren der Moderne bestimmte Texte in Titel oder Untertitel ausdrücklich als ›Bericht‹ (Franz Kafka, Joseph Roth, Bertolt Brecht, Johannes Bobrowski, Alfred Andersch, Max Frisch, Martin Walser u. v. m.). Auch diesen ›Berichten‹ geht immer etwas bereits Abgeschlossenes voraus (oft eine autobiographische Erfahrung), und tendenziell lässt sich feststellen, dass der Berichterstatter gegenüber dem Berichteten zurücktritt und dass die Texte mit eher nüchternen sprachlichen Mitteln arbeiten. Wichtiger als die Gattungszuordnung scheint dabei für die Literatur die ursprüngliche Bedeutung von ›berichten‹ zu sein, im Sinne von ›berichtigen‹: Literarische Berichte möchten oft ein Geschehnis *ins richtige Licht stellen,* sie dienen der objektiven *Rechtfertigung*. Die Ausgestaltung dieser Zielsetzung kann jedoch sehr verschieden sein und lässt kein allgemeines Muster erkennen.

Von Ludwig Hohl erscheint nun eine relativ geschlossene Gruppe von fünf Texten aus den 1930er- und 1940er-Jahren als *Berichte*, in denen die schonungslose Schilderung bestimmter Milieus, aber auch der eigenen Verfassung viel Raum einnimmt. Den ersten dieser fünf Texte, *Die seltsame Wendung*, benennt Hohl allerdings ausdrücklich als *Novelle*, dessen Einbezug in das Textkorpus bedarf somit vorgängig der Begründung. Aus inhaltlicher Sicht handelt es sich zweifellos um eine Novelle, mit den klassischen zwei Merkmalen (wie man sie etwa von Boccaccio oder Kleist kennt): einerseits die Zuspitzung des Erzählten auf ein zentrales Ereignis hin (hier der Tod des Künstlers als Lebens- und Werkerfüllung im dreifachen Ja) und anderseits der ›Novellierung‹, also der Neugestaltung (Wandlung, Wendung) eines Stoffes, hier der Künstlerexistenz in der Bohème. *Die seltsame Wendung* ist zudem Fiktion, nicht autobiographisch, auch wenn in die Beschreibung des jungen Künstlers und seines Milieus zweifellos viele eigene Erfahrungen des jungen Hohl eingeflossen sind. Wie ist also die Einordnung der Novelle bei den *Berichten* zu rechtfertigen?

Die *sprachliche Gestaltung* der *Novelle* unterscheidet sich ganz extrem von Hohls publizierten Texten. In seinem Begriff des geglückten künstlerischen Werks kommen zwei ganz verschiedene Vorstellungen zusammen: einer langen, ausdauernden Arbeit an der Formulierung und der Anordnung der Elemente und einer wunderbaren Wandlung der ganzen Mühsal in ein geglücktes Werk. Bestes Beispiel dafür ist die Umschichtung und Umarbeitung seiner berühmten »Zettelwirtschaft« zu den *Notizen. Die seltsame Wendung* erreichte dieses glückliche Stadium nicht, der Text blieb 50 Jahre lang bis zu Hohls Tod trotz wiederholter Bearbeitungen unveröffentlicht. Im Gespräch mit Alexander J. Seiler begründet Hohl diese Tatsache im Rückblick wie folgt:

> Denn es ist furchtbar schlecht geschrieben [...]. Und andererseits kann ich doch den früheren Stil nicht wieder aufnehmen oder es umändern, das geht überhaupt nicht, es muss doch im früheren Stil sein. Also, ich kann es nicht ausdrücken, was das für eine Schweinerei ist, und ich habe es immer noch nicht zerstört [...]. (S. 108)

Als *Werk* anerkennen kann Hohl den Text keinesfalls, doch definitiv aufgeben kann er ihn ebenso wenig. Dieser Charakterzug des Fertig-Unfertigen trifft auf alle hier versammelten Texte zu. Das liegt an ihrer *sprachlichen Form.* In Bezug auf die eingesetzten sprachlichen Mittel entsprechen Hohls Texte den genannten

Merkmalen des Berichts (Diskretion, Nüchternheit) gerade *nicht*, vielmehr sehen sich Leserin und Leser von Anfang an mit einem bewusst ungehobelten Sprachduktus konfrontiert, wie er für heftige, unkontrollierte *mündliche* Streitrede charakteristisch ist und in dem gewissenhafte Leserinnen und Leser manche Fehler und einige Geschmacksverirrungen entdecken mögen. Doch für Hohl ist gerade dieser scheinbare Mangel an sprachlicher Gestaltung und Überarbeitung notwendig im Hinblick auf die Authentizität des Mitgeteilten sowie der Mitteilung selbst, das gibt seinen fünf Berichten ihren besonderen Charakter. So gesehen setzt *Die seltsame Wendung* den Ton nicht nur für sich selbst, sondern ebenso für die nachfolgenden Berichte, die alle in bewusst roher, unbearbeiteter sprachlicher Gestalt daherkommen: auf gewisse Weise ein literarischer *Art brut*.

Hohls Bericht ist ein *Kampfplatz*. Dem dreifachen wunderbaren Ja am Schluss von *Die seltsame Wendung* folgt ein vielfaches Nein des Autors: Nein zu dem dargestellten Milieu (Montparnasse) und dessen Umgang mit dem Künstler oder dem Säufer, aggressiv nein zu den Autoritäten und Freunden, nein auch zur Form des eigenen Texts, der immer wieder bearbeitet wird und, im Falle von *Die seltsame Wendung*, mit halb abgerissenen Blättern des Typoskripts daherkommt und trotzdem lesbar bleibt. Der zuweilen wütende Umgang mit dem eigenen Text und die Unmöglichkeit, sich für die Publikation oder die Vernichtung zu entscheiden, verdeutlicht den Charakter des Berichts als *Kampfplatz*. Dafür setzt sich der Autor – und durch ihn die Lesenden – der ungebrochenen Wucht des Berichteten aus. Eine ›gepflegtere‹ Darstellung – so könnte man umgekehrt sagen – hätte die schroffe Gegenüberstellung zur soignierten Welt, die sich gegenüber dem erfolglosen Künstler, den Trinkern, den Verrückten, den Gefangenen und dem ausgelieferten Schriftsteller negativ abgrenzen wird, bloß aufweichen können.

Zusammenfassend lässt sich Hohls Begriff des Berichts – deutlich abgegrenzt von seiner Vorstellung des geglückten künstlerischen Werks – so bestimmen: Primäres Merkmal ist die rohe ›äußerliche‹, an der Mündlichkeit orientierte sprachliche *Form* zur getreuen Übermittlung einer Innensicht. Diese besondere Technik hat Hohl in *Die seltsame Wendung* als Künstlernovelle entwickelt und in den folgenden vier ›Berichten‹ weitergeführt. *Inhaltlich* gesehen steht die möglichst unmittelbare, mündliche Bindung zur vorangegangenen autobiographischen Erfahrung im Vordergrund; dabei beschreibt der Text – anders als in den Berichten des Alltags – zunächst intensiv und schonungslos den Berichterstatter und dessen Umwelt. Aus *textgenetischer* Sicht gehören Hohls fünf *Berichte*, die in einem nicht auflösbaren Korrektur- bzw. Zerstörungsstadium festgefahren sind, zu jener Gruppe von Texten, welche sich vom Autor mit allen Abschlussversuchen auf notwendige Weise nicht abschließen, aber auch nicht vernichten lassen.

*Thomas Fries*

INHALT